MARCO ⊕ POLO

lesen mit **Insider Tipps**

THAILAND

MARCO POLO Autor
Wilfried Hahn

Seit der Journalist Wilfried Hahn 1978 erstmals nach Thailand reiste, kehrt er jedes Winterhalbjahr dorthin zurück. Für Zeitungen und Reisemagazine hat er unzählige Artikel über das Land verfasst. Für MARCO POLO schreibt er die Reiseführer Thailand, Bangkok, Phuket, Ko Samui und Krabi. Und wo in Thailand gefällt es ihm am besten? „Überall dort, wo gelächelt wird – und das ist wirklich überall."

www.marcopolo.de/thailand

← **UMSCHLAG VORN: DIE WICHTIGSTEN HIGHLIGHTS**

Die besten Insider-Tipps → S. 4

Best of ... → S. 6

Ostküste → S. 32

Zentralthailand → S. 42

4	**DIE BESTEN INSIDER-TIPPS**
6	**BEST OF ...**
	● **TOLLE ORTE ZUM NULLTARIF S. 6**
	● **TYPISCH THAILAND S. 7**
	● **SCHÖN, AUCH WENN ES REGNET S. 8**
	● **ENTSPANNT ZURÜCKLEHNEN S. 9**
10	**AUFTAKT**
16	**IM TREND**
18	**STICHWORTE**
24	**ESSEN & TRINKEN**
28	**EINKAUFEN**
30	**DIE PERFEKTE ROUTE**
32	**OSTKÜSTE**
	KO CHANG, PATTAYA
42	**ZENTRALTHAILAND**
	AYUTTHAYA, BANGKOK, KANCHANABURI, SUKHOTHAI
56	**DER NORDEN**
	CHIANG MAI, CHIANG RAI, MAE HONG SON, PAI

SYMBOLE

INSIDER TIPP Insider-Tipp
★ Highlight
● ● ● ● Best of ...
☼ Schöne Aussicht
☺ Grün & fair: für ökologische oder faire Aspekte

PREISKATEGORIEN HOTELS

€€€ über 70 Euro
€€ 40–70 Euro
€ bis 40 Euro

Preise für ein Doppelzimmer. Saisonale Zuschläge bzw. Rabatte sind möglich

PREISKATEGORIEN RESTAURANTS

€€€ über 10 Euro
€€ 5–10 Euro
€ bis 5 Euro

Preise für ein Hauptgericht ohne Getränke

Auf dem Titel: Inselschönheit Ko Phi Phi S. 91 | Im Dschungel von Umphang S. 100

INHALT

DER NORDOSTEN 66
KHON KAEN, NAKHON RATCHASIMA,
NONG KHAI, UDON THANI

DER SÜDEN 74
HUA HIN, KHAO LAK, KO LANTA,
KO SAMUI, KRABI, PHUKET

AUSFLÜGE & TOUREN 92

SPORT & AKTIVITÄTEN 98

MIT KINDERN UNTERWEGS 102

EVENTS, FESTE & MEHR 106

LINKS, BLOGS, APPS & MORE 108

PRAKTISCHE HINWEISE 110

SPRACHFÜHRER 118

REISEATLAS 124

REGISTER & IMPRESSUM 142

BLOSS NICHT! 144

Der Norden → S. 56

Ausflüge & Touren → S. 92

Sport & Aktivitäten → S. 98

Reiseatlas → S. 124

GUT ZU WISSEN
Geschichtstabelle → S. 12
Spezialitäten → S. 26
Bücher & Filme → S. 90
Was kostet wie viel? → S. 111
Währungsrechner → S. 113
Wetter → S. 117

KARTEN IM BAND
(126 A1) Seitenzahlen und Koordinaten verweisen auf den Reiseatlas
(0) Ort/Adresse liegt außerhalb des Kartenausschnitts
Es sind auch die Objekte mit Koordinaten versehen, die nicht im Reiseatlas stehen
(U A1) Koordinaten für die Bangkok-Karte im hinteren Umschlag

UMSCHLAG HINTEN: FALTKARTE ZUM HERAUSNEHMEN →

FALTKARTE
(🗺 A–B 2–3) verweist auf die herausnehmbare Faltkarte
(🗺 a–b 2–3) verweist auf die Zusatzkarte auf der Faltkarte

3

Die besten MARCO POLO Insider-Tipps

Von allen Insider-Tipps finden Sie hier die 15 besten

INSIDER TIPP Köstlich und nostalgisch

Das *China Inn Cafe* in Phuket Town ist ein Fest fürs Auge und für den Gaumen: Die Stadtvilla im sino-portugiesischen Stil ist 100 Jahre alt, die Thai-Küche schmeckt köstlich und eine blaue Blüte ziert den Früchtejoghurt → S. 88

INSIDER TIPP Chillen am Strand

Rustikale Holzbungalows unter schattigen Bäumen, frisch gegrillter Fisch unter Palmlaubdächern und dazu die Fireshow am Strand: *Porns Bungalows* auf Ko Chang erinnern an alte Zeiten, als die Rucksacktraveller auf dieser Insel noch unter sich waren → S. 37

INSIDER TIPP Buddha in den Bergen

Gipfelstürmer erwartet auf Ko Samui eine Zauberwelt. Hoch über der Insel versteckt sich der *Tamin Magic Buddha Garden* in einer Dschungellandschaft. Mit seinen Buddhastatuen und Fabelwesen sieht er aus wie die perfekte Kulisse für einen Indiana-Jones-Film → S. 83

INSIDER TIPP Essen wie die Götter

Im *Mantra* in Pattaya wird nicht gebetet, aber die Speisen dort sind himmlisch. Leckerbissen aus verschiedenen Kochwelten werden im hippen Lokal serviert → S. 39

INSIDER TIPP Spritztour durch die Wildnis

Kein Dschungel ist abgelegener als der von Umphang an der Grenze zu Myanmar. Hier fließt der Mae Klong, Thailands schönster Fluss für Schlauchbootrafting → S. 100

INSIDER TIPP Oase des Friedens

Das Hotel *Rachamankha* in Chiang Mai gleicht eher einem Tempel voller Antiquitäten als einem Gasthaus. Einen Drink sollten Sie sich hier auf jeden Fall gönnen → S. 59

INSIDER TIPP Tempel der drei Kulturen

Der *Wat Wang Wiwekaram* in Sangklaburi kombiniert indischen, burmesischen und thailändischen Baustil zu einem Meisterwerk der Tempelarchitektur → S. 53

INSIDER TIPP Treppe zum Himmel
Der Weg ist steil: Vom *Wat Tam Sua* bei Krabi führen 1272 Stufen auf einen Berg. Oben erwarten Sie ein Fußabdruck Buddhas und eine grandiose Fernsicht → S. 87

INSIDER TIPP Speisen mit Tempelblick
Ganz nah am Großen Palast in Bangkok: das Restaurant *The Deck*. Von der Terrasse schweift der Blick über den Chao Phraya bis zum Tempel der Morgenröte → S. 48

INSIDER TIPP Führerschein für Jumbos
Im Dschungel des Nordens: Bei *Elephant Special Tours* in Mae Sopok bildet Sie ein Berliner zum Mahout aus. Machen Sie den Elefanten-Führerschein! → S. 98

INSIDER TIPP Luxus zum Sparpreis
Eine Suite im Luxushotel für rund 80 Euro? Doch, das gibt es – wenn Sie in die Provinz reisen. Das *Pullman-Hotel* in Khon Kaen ist das beste Haus im ganzen Nordosten → S. 68

INSIDER TIPP Strahlend weißes Kunstwerk
Dämonen, Batman und Buddha – der *Wat Rong Khun* in Chiang Rai ist ein skurriles Gesamtkunstwerk ganz in Weiß (Foto li.) → S. 61

INSIDER TIPP Klein-China in den Teeplantagen
In *Mae Salong* leben die Nachfahren von Chinesen, die einst vor Maos Armee flüchteten. Ein kühles Lüftchen weht über Kaffee- und Teeplantagen (Foto u.) → S. 62

INSIDER TIPP Cowboy im Norden
Auch Anfänger können aufs richtige Pferd setzen – auf der *Thai Horse Farm* in Phrao. Sie reiten bergauf und bergab, baden in heißen Quellen und schüren abends das Lagerfeuer → S. 100

INSIDER TIPP Unter Dämonen
Im Skulpturengarten *Wat Khaek* in Nong Khai haben Sie eine gigantische Sagen- und Fabelwelt fast für sich allein → S. 72

BEST OF ...

TOLLE ORTE ZUM NULLTARIF
Neues entdecken und den Geldbeutel schonen

SPAREN

● *Der nächtliche Zauber der Ruinen*
Nach Sonnenuntergang kostet die Tempelanlage *Wat Mahatat*, das religiöse Zentrum der alten Königsstadt Ayutthaya, keinen Eintritt – und wirkt durch die effektvolle Beleuchtung noch mystischer → S. 44

● *Zu Fuß durch den Mangrovensumpf*
Sparen Sie sich die Charter für ein Longtailboot: In Krabi Town spazieren Sie über die Holzplanken des *Mangrove Forest Walkway* und erleben so die Welt der Schlammspringer, Warane und Krabben → S. 86

● *Logenplatz mit Meerblick*
Der Sonnenuntergang am Kap Promthep ist legendär. Die schönste Aussicht haben Sie vom *Leuchtturm* aus, bei freiem Eintritt. Eine kleine Ausstellung gibt zudem Einblick ins maritime Leben → S. 88

● *Tempel am See*
Palmen am Seerosenteich und zwei filigrane Tempel, die man gratis betreten darf: *Wat Chong Klang* und *Wat Chong Kham* in Mae Hong Son könnten Kulisse für ein orientalisches Märchen sein (Foto) → S. 63

● *Höhle der Phalli*
An den Nachbarstränden von Railey und Phra Nang in Krabi gibt's zwei Höhlen – und in die bizarrste dürfen Sie sogar umsonst rein. In der *Phra Nang Cave* stehen Hunderte von hölzernen Phalli stramm. Sie sollen Kindersegen und sonstiges Glück bringen → S. 86

● *Traumblick vom Gipfel des Erhabenen*
Wo viele Touristen zu Buddha kommen, wird in Thailand meistens Eintritt kassiert. Aber den *Big Buddha* auf Phuket dürfen Sie umsonst bestaunen. Eine spektakuläre Fernsicht gibt's ebenfalls gratis → S. 88

● *Bangkoks große Puppenstube*
Die Puppen im *Bangkok Doll Museum* sind kleine Kunstwerke. Bewundern Sie die Miniaturen von Maskentänzerinnen, Menschen in historischen Kostümen und farbenprächtigen Bergvölkern → S. 104

●●●● Diese Punkte zeichnen in den folgenden Kapiteln die Best-of-Hinweise aus

TYPISCH THAILAND
Das erleben Sie nur hier

● *Wasser marsch!*
Wasserscheu dürfen Sie während des Neujahrsfestes *Songkran* nicht sein. Denn aus Spritzpistolen, Schläuchen, Schüsseln, Eimern kriegt beim „Wasserfestival" jeder eine Dusche ab. Ein ausgelassener Spaß, besonders im nordthailändischen Chiang Mai → S. 106

● *Ein Haus für Geister*
Auch Geister brauchen eine Heimstatt, damit sie nicht umherschwirren und Unheil stiften. Die Thais bauen ihnen deshalb Schreine und bringen Opfergaben dar. Das berühmteste Geisterhaus des Landes ist der *Erawan Shrine* in Bangkok → S. 20

● *Show der Ladyboys*
Nirgendwo sonst auf diesem Globus werden so opulente Travestieshows aufgeführt wie in Thailand. In Bangkoks *Calypso Cabaret* inszeniert ein deutscher Schauspieler das Kostümspektakel der Herren Damen, die in Thailand *katoy (ladyboy)* genannt werden (Foto) → S. 49

● *Mit Fäusten und Füßen*
Beim Thaiboxen geht's hoch her, die begeisterten Zuschauer machen auf den Rängen fast genauso viel Action wie die Fighter im Ring. Dort unten fliegen nicht nur die Fäuste, die Kämpfer setzen auch Ellenbogen, Knie und Füße ein. Die besten des Landes messen ihre Kräfte im *Lumpini Boxing Stadium* in Bangkok → S. 23

● *Inseln wie Sand am Meer*
In Thailand gibt es so viele Inseln mit traumhaften Sandstränden wie sonst nirgends in Südostasien. Egal, ob Sie Rummel oder Entspannung suchen: Sie werden garantiert fündig, im Golf von Thailand genauso wie in der Andaman-See. Ein Paradies der Ruhe ist *Ko Jum*, wo Sie manchmal mehr Affen am Strand antreffen als Touristen → S. 81

● *Nacht der Gaumenfreuden*
Wenn die Nacht kommt in Thailand, wird's feurig. In jeder größeren Stadt fauchen Gaskocher und glühen Holzkohlenfeuer. Auf Nachtmärkten bereiten fliegende Köche leckere Snacks und ganze Mahlzeiten zu. Auf dem *Nachtmarkt* in Khon Kaen können Sie auch regionale Spezialitäten wie gegrillte Heuschrecken probieren → S. 67

BEST OF ...

SCHÖN, AUCH WENN ES REGNET
Aktivitäten, die Laune machen

REGEN

● *Ran an den Wok*
Wie wird das Curry so schön cremig? Was muss rein, damit die Garnelensuppe *tom yam gung* auch wirklich zitronig schmeckt? Erfahren Sie die Geheimnisse der Thai-Küche bei einem Kochkurs im Hotel *The Oriental* in Bangkok → S. 100

● *Shopping unter Dach und Fach*
Bangkoks Konsumtempel bieten einfach alles, von der Zahnbürste bis zum Luxusauto. Die wichtigste Shoppingmeile der Hauptstadt liegt an der Skytrain-Route. Und von dort haben Sie direkten und überdachten Zugang zu Einkaufszentren wie dem gigantischen *Siam Paragon* (Foto) → S. 49

● *Die Schätze des alten Siam*
Das *Nationalmuseum* in Bangkok ist eine Schatztruhe. Ob prächtige Elefantensessel oder königliche Preziosen: Einzigartige Exponate vermitteln Geschichte, Kunst und Kultur des alten Siam → S. 47

● *Eine Ausstellung, die kaum zu glauben ist*
Glauben Sie's oder glauben Sie's nicht, bei *Ripley's Believe It Or Not* in Pattaya finden Sie eine „Titanic" aus einer Million Streichhölzern, ein dreibeiniges Pferd und 300 andere skurrile Exponate → S. 38

● *Haie und kleine Fische im Tunnel aus Glas*
Trockenen Fußes durchs Meer? Die *Underwater World* in Pattaya macht's möglich. Ein 100 m langer Glastunnel führt durchs riesige Aquarium. Sie können das Weiße in den Augen der Haie sehen und die Farbenpracht von Korallenfischen bestaunen → S. 103

● *Alle Zehne auf der Bowlingbahn*
Wenn's draußen regnet, können Sie drinnen ruhig eine Kugel schieben. Mit Schmackes, versteht sich: In Phuket Town warten bei *Pearl Bowling* jede Menge Pins auf Abräumer → S. 89

8

ENTSPANNT ZURÜCKLEHNEN
Durchatmen, genießen und verwöhnen lassen

● **Massage im Kloster**
Der Nacken schmerzt, die Füße tun weh – ein Stadtrundgang macht müde. Gehen Sie doch ins Kloster! Im *Wat Pho* in Bangkok können Sie sich bei einer traditionellen Thai-Massage durchkneten lassen und neue Energie tanken → S. 47

● **Dinner am Strand**
Das Meeresrauschen im Ohr, die Füße im Sand und in der Nase der Duft von gegrilltem Fisch, dazu Fackeln und Lichterketten: Der *Chaweng Beach* auf Ko Samui wird abends zu einem einzigen Freiluftrestaurant. Romantischer können Sie nicht dinieren → S. 83

● **Cocktail im Himmel über Bangkok**
Die gläserne Bar ist von innen blau beleuchtet, die Stadt liegt Ihnen zu Füßen, und Sie fühlen sich himmlisch. Kein Wunder: Sie schlürfen Ihren Champagnercocktail ja auch gerade auf 220 m im höchstgelegenen Open-Air-Restaurant der Welt, dem *Sirocco* in Bangkok → S. 48

● **Urlaub für Körper und Seele**
Die Vollmondpartys haben *Ko Phangan* berühmt gemacht. Aber die Insel im Golf von Thailand ist auch ein Ort der Ruhe und ein Refugium für alle, die in das eigene Selbst reisen wollen. Bei Yoga und Meditation können Sie Körper und Seele neu entdecken (Foto) → S. 101

● **Ihr Haus auf dem Fluss**
Entdecken Sie die Langsamkeit! Auf dem *Kok River* in Thailands Norden treibt das Bambusfloß gemächlich dahin. Ihr Haus haben Sie immer dabei: Es ist eine Palmlaubhütte, fest auf dem Floß verankert → S. 62

● **Sundowner auf Fels**
Die Restaurantterrasse des *Rock Sand Resort* auf Ko Chang ist nicht viel mehr als eine Bretterbude, zusammengezimmert auf einer Felsnase – eine originelle Location direkt am Strand, sehr rustikal und dabei urgemütlich. Beim Sundowner hören Sie die Eiswürfel im Glas klingen und das Meer rauschen → S. 36

9

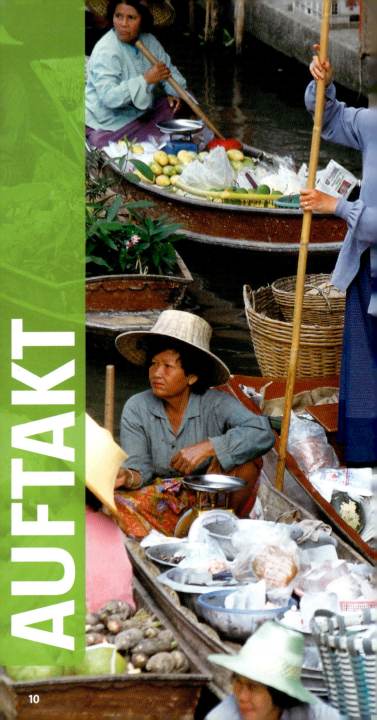

ENTDECKEN SIE THAILAND!

Ein Bauerndorf im Nordosten Thailands. Wie eine vergessene Insel im Ozean liegt es in den Reisfeldern, die sich bis zum Horizont ziehen. Ein Mönch läuft die staubige Dorfstraße entlang. Eine alte Frau kniet vor ihrem Pfahlhaus und bietet dem Mönch ihre Gaben an. Einen kleinen Plastikbeutel mit Reis, zwei hart gekochte Eier. Der Mönch bleibt stehen und hält ihr die Almosenschale hin. Er verliert kein Wort des Dankes. Dank zu sagen ist Sache der Spenderin: Sie hat Gelegenheit bekommen, Gutes zu tun. Dann erhebt sie sich, steigt die Holztreppe ihres Hauses hinauf. Oben dreht sie sich noch einmal um.
Sie schaut in die Ferne, wo sich eine asphaltierte Straße in den Reisfeldern verliert. Die Straße führt nach Korat, in die Provinzhauptstadt, und weiter nach Bangkok, in die ganz große Stadt. Ihr Sohn arbeitet dort als Taxifahrer. Vielleicht ist er es, der gerade im Morgenverkehr der Hauptstadt feststeckt und dem fliegenden Blumenhändler eine Kette aus Jasmin- und Orchideenblüten abkauft – ein duftender Glücksbringer als Zierde für den Rückspiegel.

Bild: Floating Market in Damnoen Saduak

Wat Pho, der älteste Tempel Bangkoks. Die Thais nennen ihre Hauptstadt die „Stadt der Engel"

Egal, ob Sie in einem thailändischen Dorf Ruhe atmen oder in Bangkok im Stau stecken: Sie werden feststellen, dass dies ein Land ist wie kein anderes. Ein Land voller Geheimnisse, fremdartig. Und trotzdem werden Sie sich nicht lange fremd fühlen, denn dies ist auch das Land des Lächelns.

Es sind vor allem seine Menschen, die Thailand zum Urlaubsland Nr. 1 in Asien gemacht haben. Schon wahr, leicht zu verstehen ist dieses Volk nicht. Wie z. B. soll man begreifen, dass Menschen, die sich mit Begeisterung auf alles stürzen, was *tansamai* (modern) ist, höchst abergläubisch sind? Das neueste Handy mit Internetzugang ist unverzichtbares Statussymbol, aber die gleichen Leute, die immer und überall mobil durch die Netzwelt surfen, fürchten sich vor Geistern und bauen ihnen zur Besänftigung ein Häuschen an jeder Ecke. Oder gleich einen ganzen Schrein.

Nicht immer waren die Geister dem Land günstig gestimmt. Auch wenn die Thais stets auf Ausgleich bedacht sind, sich lieber arrangieren als zu den Waffen greifen, so

8.–11. Jh. Thais wandern aus Südchina ein

1238 Sukhothai wird Hauptstadt des ersten Thai-Königreichs

1350 In Ayutthaya entsteht ein neues Königreich

1512 Portugiesische Händler kommen nach Ayutthaya, gefolgt von Holländern, Engländern und Franzosen

1767 Burmesen erobern und zerstören Ayutthaya

1782 König Chakri, Rama I., gründet die Chakri-Dynastie

AUFTAKT

machten sie doch mit ihrem Nachbarn im Nordwesten schlechte Erfahrungen: 1767 legten die Burmesen Ayutthaya, eine der glanzvollsten Metropolen der damaligen Zeit, in Schutt und Asche.

Als die europäischen Mächte nach Fernost kamen, um auch diese Gegend der Welt unter sich aufzuteilen, fiel Siam als einziges Land in Südostasien nicht unter koloniales Joch. Flexibel wie Bambus, der sich dem Wind beugt, um nicht zu zerbrechen, lavierte sich die Nation auch durch die stürmische Zeit des Zweiten Weltkriegs. Statt sich mit den übermächtigen Japanern anzulegen, verbündete man sich lieber offiziell mit ihnen.

Die Nachkriegsgeschicke Thailands beherrschten Generäle, die sich immer wieder an die Macht putschten. Studentenproteste wurden 1973 und 1976 blutig niedergeschlagen. Aber der Wirtschaftsboom der 1980er-Jahre veränderte nicht nur die Skyline von Bangkok, sondern auch die politische Landschaft. Gerade in der Hauptstadt bildete sich eine breitere Mittelschicht heraus. Sie entwickelte ein politisches Bewusstsein und forderte Mitsprache bei der Gestaltung des Landes ein. Gingen früher nur Studenten auf die Straßen, bildeten sich mit Beginn des neuen Jahrtausends auch Massenproteste.

Ein Land voller Geheimnisse – und das Land des Lächelns

2008 besetzten Regierungsgegner sogar den internationalen Flughafen von Bangkok. 2010 blockierten Anhänger des ehemaligen Premierministers Thaksin, der durch einen Armeeputsch aus dem Amt gejagt worden war, das Hauptgeschäftsviertel in Bangkok. Der wochenlange Protest wurde von Armee und Polizei gewaltsam aufgelöst, es gab Dutzende von Toten.

und macht das Dorf Bangkok zur neuen Hauptstadt

1868–1910
König Chulalongkorn, Rama V., schickt Thais zur Ausbildung nach Europa und schafft die Sklaverei ab

1932
Unblutiger Staatsstreich. Umwandlung der absoluten in eine konstitutionelle Monarchie

1939
Siam erhält den Namen Thailand (Land der Freien)

1946
König Bhumibol Adulyadej wird als Rama IX. gekrönt. Er ist heute der am längsten regierende thailändische Monarch

Mit 513 120 km^2 ist Thailand ungefähr so groß wie Frankreich. Geografisch wird es in vier Regionen unterteilt. Die Zentrale Ebene mit ihrem fruchtbaren Schwemmland ist die Reiskammer des Landes und mit der Millionenstadt Bangkok zugleich der wichtigste Industriestandort. Ausläufer des Himalaja bilden die Berge des Nordens. Dort oben, wo Bergvölker in bunten Trachten noch Brandrodungsfeldbau betreiben, erlauben die Temperaturen der Wintermonate sogar den Anbau von Erdbeeren und Äpfeln. Die dürregeplagte Hochebene des Nordostens ist trotz karger Böden fast ausschließlich Bauernland. Rund 20 Mio. der 67 Mio. Thais leben hier im Isan, dem Armenhaus des Landes. In den Dörfern sind viele Straßen noch Pisten, das Wasser schöpfen die Menschen aus Brunnen und Zisternen.

Die Zentrale Ebene ist die Reiskammer des Landes

Nur wenige Touristen reisen in den Nordosten. Und dabei könnten sie gerade dort den wohl ursprünglichsten Teil des Landes kennenlernen, in dem der Lebensrhythmus noch bestimmt wird von Aussaat und Ernte, von Regen- und Trockenzeit. Aber wer will es den Fremden, die aus der Kälte kommen, verdenken, dass es sie dorthin zieht, wo das Schlagwort von den „glücklichen Tropen" begreifbar und der Urlaubstraum wahr wird: in den Süden, der sich wie der Rüssel eines Elefanten bis zur malaysischen Grenze zieht. Auf den Feldern wächst Ananas, in Plantagen stehen Gummibäume Spalier, und Kokospalmen werfen gefiederte Schatten auf sahneweiße Strände. Die Fischer binden bunte Tücher und Blütengirlanden an den Bug ihrer Boote, in Gärten leuchten Bougainvillea-Sträucher.

Die einzige thailändische Stadt, die das Prädikat „Weltstadt" für sich in Anspruch nehmen darf, ist Bangkok. Etwa jeder siebte Thai wohnt hier. Auf den ersten Blick sieht die Metropole mit ihren Hochhäusern und Blechlawinen aus wie jede andere moderne Großstadt. Aber wenn Sie genauer hinschauen, entdecken Sie, dass die Baustile durcheinandergewürfelt sind wie der Inhalt einer Spielzeugkiste. Wolkenkratzer sind in allen Regenbogenfarben angestrichen, Shoppingcenter säulenbewehrt wie griechische Tempel, Firmenzentralen sehen aus wie in Beton gegossene Roboter oder wie riesige Legosteine. *Suey mak,* wunderschön, sagen die Thais. Denn Eintönigkeit und Langeweile fürchten sie fast noch mehr als Geister. Die Provinzstädte bieten ein anderes Bild. Das Volk wohnte früher in Holzhäusern, doch an diesen nagt im tropi-

1980–88
Thailands Wirtschaft boomt

1997
Wirtschaftskrise

2004
Ein Tsunami erreicht Südthailand. 5400 Menschen sterben

2009
Erstes Teilstück der Bahnlinie über den Mekong von Nong Khai nach Vientiane (Laos) eingeweiht

2012
Alarmierende Zahlen des Gesundheitsministeriums: Jede Stunde steckt sich in Thailand ein Mensch mit HIV an. 460 000 gelten als infiziert, schon 700 000 sind an Aids gestorben

AUFTAKT

Topstrand in Thailands Süden: Phra Nang Beach an der Küste von Krabi

schen Klima der Zahn der Zeit. Und so sind die allermeisten Städte mit ihrem Einerlei aus schachtelförmigen Betonbauten austauschbar. Nur auf der Insel Phuket finden Sie noch alte Villen und Ladenhäuser im sinoportugiesischen Baustil.

Noch zur Zeit des Zweiten Weltkriegs überspannte ein grünes Dach fast das ganze Königreich: 70 Prozent der Fläche waren bewaldet. Aber die rasant wachsende Bevölkerung brauchte immer mehr Agrarland. Heute sind die Waldgebiete auf etwa 20 Prozent geschrumpft. Nur noch 2000 wilde Elefanten sollen auf dicken Sohlen durch den Dschungel streifen, und die Zahl der vom Aussterben bedrohten Großkatzen wird auf einige Hundert geschätzt. Ihre Rückzugsgebiete sind nur wenige der insgesamt 99 Nationalparks und Schutzzonen, die immerhin über die Hälfte der noch verbliebenen Waldfläche in Thailand ausmachen. Trotzdem müssen Sie nicht in den Zoo gehen, um eine artenreiche Tierwelt zu entdecken.

> **Tauchreviere, die zu den besten in Südostasien gehören**

Im Golf von Thailand und insbesondere in der Andaman-See liegen Tauchreviere, die zu den besten in ganz Südostasien gehören. Zwar brauchen Sie eine Portion Glück, um mit riesigen, Plankton fressenden Walhaien um die Wette schwimmen zu können. Aber jede Tauchschule weiß, wo Sie die gefleckten (und ebenfalls harmlosen) Leopardenhaie fast mit der Hand streicheln können. Und die konfettibunten Korallenfische finden Sie auch ohne Lotsen überall im wohltemperierten Nass. Tauchen Sie einfach ab!

IM TREND

1 Kanom

In aller Munde Kanom – dieses Wort ist Verführung pur. Früher gab's die zuckersüßen Leckereien nur auf traditionellen Märkten, heute halten sie in hip designten *bakeries* Einzug. Dort werden die aufwendig geformten kleinen Kuchen-Kunstwerke in stylishen Schachteln verkauft. Dem Gesundheitstrend entsprechend gibt es sogar Low-Fat-Varianten. In Bangkok besonders zu empfehlen: die *Kanom Fashion Bakery (266/ 8 Siam Square, Soi 3)* und *Kanom Mae Oey (5–7 Bumrungmuang Road)*.

Sepak Takraw 2

Ein Ball auf dem Vormarsch *Get the kick,* denn Sepak Takraw ist reine Power. Es wird getreten, geschlagen und gestoßen – keine Angst: Opfer ist nur ein geflochtener Ball. Der Mix aus Volleyball, Fußball und Leichtathletik avanciert zum Nationalsport. Im ganzen Land finden regelmäßig Spiele der Thai-Liga statt (Termine unter *www.sepaktakraw.org*). In Bangkok ist das *National Stadium* eine der wichtigsten Anlaufstellen für den rasanten Sport. Und auch international hat das Spiel bereits seinen Siegeszug angetreten *(www.sepak-takraw.co.uk)*.

3 Progressive

Thai Music Indiemusik bringt man wohl nicht als Erstes mit Thailand in Verbindung. Aber kleine Labels wie *Bakery Music (www.bakerymusic.com)* beweisen, dass es eine lebendige Szene gibt. Live und aus der Konserve hört man den rockigen Thai-Sound in Bangkoks *Lullabar (1 Mahannop Road)*. Total angesagt ist auch ein absolut außergewöhnlicher Act: Alle fünf Girls von *Venus Flytrap (www.myspace.com/venusflytrapfan)* sind *ladyboys*.

In Thailand gibt es viel Neues zu entdecken. Das Spannendste auf dieser Seite

Thai-Tropfen

Tropischer Wein In Thailand hat der Weinanbau zwar noch keine lange Tradition, dafür sind die Ergebnisse schon äußerst vorzeigbar. Das angesehenste Weingut ist das *Chateau de Loei* vor den Toren Dan Sais. Den ausgezeichneten Chenin Blanc können Sie im hauseigenen Restaurant probieren. In Bangkok wird der Wein im *Chateau de Loei-Shop (7 New Petchburi Road, Soi Soonvijai)* angeboten. Die Hügel bei Hua Hin werden ebenfalls für den Weinbau genutzt. Die *Hua Hin Hills Winery (Baan Khork Chang Patana | www.huahinhills.com)* können Sie im Rahmen einer Tour besichtigen. Träumen vom Wein können Besucher des Guts *Granmonte (52 Phayayen | Pak Chong | www.granmonte.com) (Foto)*. Auf dem Weingut gibt es auch ein *Guesthouse* mit Blick auf die Reben.

4

Echte Einblicke

Urlaub und mehr Neue Eindrücke – und neue Fähigkeiten – bietet ein „Arbeitsurlaub". Im Nordwesten des Landes kann man bei den Lisu traditionelles Handwerk wie Weben, Korbflechten oder Schmuckherstellung erlernen. So nehmen Urlauber mehr als nur Erinnerungen mit nach Hause und unterstützen das Bergvolk *(www.lisuhilltribe.com) (Foto)*. Den Alltag von Thai-Familien in abgelegenen Inseldörfern oder von Seenomaden erleben Sie hautnah auf den Touren von *Andaman Discoveries (www.andamandiscoveries.com)*. Oder interessieren Sie sich dafür, wie die thailändischen Mönche leben? In Chiang Mai können Sie bei einem informellen Gespräch, dem *Monk Chat (Buddhist University, Wat Suan Dok | Suthep Road)*, in das andere Leben eintauchen.

5

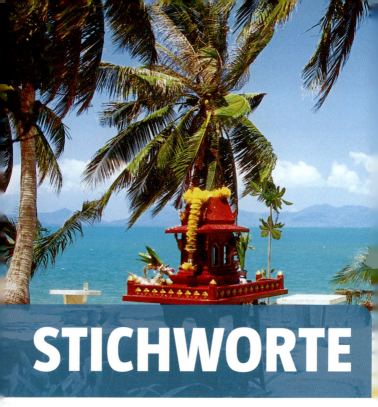

STICHWORTE

AMULETTE

Thais wissen es: Das Unglück schläft nie. Deshalb muss man sich gut dagegen wappnen, z. B. mit Amuletten. Meist sind es kleine Buddhafiguren oder Abbilder berühmter Mönche, die sich die Thais um den Hals legen – wenn möglich, an Ketten aus massivem Gold. Leute mit besonders gefährlichen Berufen, wie etwa Busfahrer, bekränzen sich schon mal mit einem ganzen Dutzend solcher Glücksbringer.

Die Amulette können ihre Kräfte natürlich nur dann entfalten, wenn sie von einem Mönch geweiht wurden. Mit Buddhismus hat das zwar nichts zu tun, aber die Thais sehen das nicht so eng und mischen Glaube unbekümmert mit Aberglaube.

BERGVÖLKER

Die *chao kao,* die Völker der Berge, werden allgemein als *hill tribes* (Bergstämme) bezeichnet. In langen Wanderungen sind sie aus dem Süden Chinas und Tibets in den Norden Thailands gezogen. Ihre Zahl wird auf rund 1,3 Mio. Menschen geschätzt. Das größte Volk mit rund 550 000 Angehörigen sind die Karen, die nahezu entlang der gesamten Grenze zwischen Thailand und Myanmar siedeln.

Den Anbau von Schlafmohn zur Herstellung von Opium und Heroin haben Razzien von Armee und Polizei eingedämmt. Auch mit internationaler Unterstützung wird in zahlreichen Projekten versucht, den Anbau von Gemüse, Obst, Kaffee und Tee in den Bergen zu fördern. Vielen

Bild: Geisterhäuschen auf Ko Samui

In Thailand darf man auch den Premier mit Vornamen anreden. Und gute Sitten werden allerseits geschätzt

Dörfern hat der Trekkingtourismus eine bescheidene Einnahmequelle eröffnet.

BEVÖLKERUNG

In Thailand wohnen ca. 67 Mio. Menschen. Zur Ethnie der Thais werden 75 Prozent der Bevölkerung gezählt. 14 Prozent haben chinesische Vorfahren. Die 3,5 Prozent muslimischen Malaien (eine Volksgruppe, keine Nationalität) leben in den Provinzen nahe der malaysischen Grenze. Die restliche Bevölkerung setzt sich aus Khmer, Laoten, Vietnamesen, Mon, Shan und verschiedenen Stammesvölkern zusammen.

BUDDHISMUS

Etwa 95 Prozent aller Thais bekennen sich zum Buddhismus. Vor allem auf dem Land gehen junge Männer auch heute noch als Mönche auf Zeit für ein paar Tage, Wochen oder Monate ins Kloster. Im Buddhismus bedeutet Leben Leiden. Nur wer den Kreislauf von Geburt und Wiedergeburt – und damit alles Leiden – überwindet, gelangt ins Nirwana.

Buddha ist in Chiang Mai in über 300 Tempeln allgegenwärtig

Der Grund für die Leiden sind Begierden, z. B. nach Besitz. Doch das Streben nach Wohlstand ist fast zu einer neuen Religion geworden und hat sogar Mönche und Klöster erfasst. Manche Buddhajünger, die mit ihren Bettelschalen morgens von Haus zu Haus ziehen, nehmen auch Geld an – was sie nach der reinen Lehre nicht sollten.

FALANG

Alle Ausländer mit weißer Haut werden von den Thais als *falang* bezeichnet – was nicht abwertend gemeint ist. Es bedeutet einfach „weißer Fremder" und ist möglicherweise eine Verballhornung des englischen Wortes *foreigner*.

GEISTERHÄUSCHEN

Auch wenn sie noch so gläubige Buddhisten sind – die Welt der Thais ist voller *phii,* Geister. Damit diese nicht Unheil stiftend umherirren, muss ihnen ein Haus gebaut werden. Egal, ob es klein und schlicht wie ein Vogelhäuschen ist oder meterhoch und prächtig wie ein Tempel. Und jeden Morgen werden die unsichtbaren Nachbarn mit Gaben erfreut: mit Blumen, Reis, einem Glas Wasser und an wichtigen Tagen auch schon mal mit einem gebratenen Hähnchen. Berühmt im ganzen Land ist der ● *Erawan Shrine* in Bangkok an der Ecke Ploenchit Road/Ratchadamri Road Dort erweisen sogar Tänzerinnen in Prunkgewändern den Geistern ihre Reverenz. Dieses Geisterhaus ist dem Hindugott Brahma geweiht. Als in den 1950er-Jahren das Erawan Hotel (heute Grand Hyatt Erawan) gebaut wurde, kam es immer wieder zu tödlichen Unfällen. Um die Geister des Grundstücks zu besänftigen, wurde der Schrein gebaut. Und von da an kam kein Arbeiter mehr zu Tode.

GUMMIBÄUME

Thailand ist zwar der größte Kautschukproduzent der Welt, doch die Gummibäume stammen nicht aus dem Land selbst. Ein Engländer schmuggelte im 19. Jh. Gummibaumsamen aus Brasilien nach London, die Briten brachten sie später nach Singapur. Von dort breiteten sich Plantagen bis nach Thailand aus. Im südthailändischen Trang wurden 1901 die ersten Setzlinge gepflanzt.

Die Kautschukgewinnung ist sehr arbeitsintensiv. Lange vor Sonnenaufgang ritzen Zapfer im Schein ihrer Stirnlampen die Baumrinde mit einem sichelförmigen Messer an. Nach einigen Stunden wird das weiße Harz eingesammelt, einer Säurebehandlung unterzogen und in einer Art Wäschemangel zu Matten gepresst. Aus Kautschuk entstehen vor allem Reifen und Kondome, Badeschlappen, Gummiringe und Radiergummis.

KÖNIGSHAUS

Auch wenn Thailand seit 1932 keine absolute Monarchie mehr ist, genießt

STICHWORTE

das Königshaus immer noch höchstes Ansehen. Majestätsbeleidigung ist wie eh und je ein strafbares Delikt.

Insbesondere das Oberhaupt der Chakri-Dynastie, König Bhumibol Adulyadej, wird als Rama IX. in allen Bevölkerungsschichten verehrt. Der 1927 in den USA geborene Monarch bestieg 1946 den Thron und hat seine Autorität als Landesvater durch alle politischen Wirren hindurch erhalten und sogar noch gesteigert. Zusammen mit Königin Sirikit hat er vier Kinder: Prinzessin Ubol Ratana (geboren 1951), Prinz Maha Vajiralongkorn (1952), Prinzessin Maha Chakri Sirindhorn (1955) und Prinzessin Chulabhorn (1957).

NAMEN

Ob Postbote oder Premierminister: Thais reden einander generell mit dem Vornamen an, vor den der Titel *Khun* (Herr oder Frau) gestellt wird. Es gibt nur wenige Thais, die keinen Spitznamen (*tschu len,* wörtlich übersetzt: Spielname) haben. Sehr beliebt sind Tiernamen. Nur Westler mögen sich darüber wundern, wenn sich jemand unbekümmert als *mu* (Schwein), *kob* (Frosch), *gung* (Krabbe) oder *gai* (Huhn) vorstellt. Die inoffiziellen Zweitnamen werden schon den Säuglingen von ihren Müttern in die Wiege gelegt.

ÖKOLOGIE

Die Umweltschutzbewegung steckt in Thailand noch in den Kinderschuhen. Uraltbusse stoßen dunkle Rußwolken aus, Bauern fackeln ihre Stoppelfelder ab, Abwässer fließen ungeklärt in Flüsse und ins Meer, Menschen werfen ihren Abfall einfach irgendwo weg. Viele Westler schütteln empört darüber den Kopf, vergessen aber dabei, dass es in ihren eigenen Ländern noch bis in die 1970er-Jahre nicht viel anders aussah.

Aber auch in Thailand gibt es Ansätze, die Hoffnung machen. Ganze Schulklassen ziehen los, um Straßenränder, Plätze und Strände von Abfall zu säubern. Tauchschulen veranstalten regelmäßig Säuberungsaktionen unter Wasser. Touristen sind als Helfer willkommen, wenn Korallenriffe von alten Netzen, Flaschen und sonstigem Müll befreit werden. Hotels halten ihre Gäste dazu an, sparsam mit Wasser umzugehen, und Klimaanlagen werden automatisch abgeschaltet, wenn der Gast das Zimmer verlässt. Und vereinzelt gibt es auch schon Initiativen, die Jute statt Plastik propagieren. Auch jeder Tourist kann dazu einen Beitrag leisten, indem er auf die Plastiktüte verzichtet, die in den Shops selbst für kleinste Einkäufe ausgehändigt wird.

PROSTITUTION

Mit dem Prostitutions-Verhinderungsgesetz von 1996 wurde vor allem dem sexuellen Missbrauch von Minderjährigen der Kampf angesagt. Freiern von Jugendlichen unter 18 Jahren drohen bis zu drei Jahre Gefängnis. Wer sich an Kindern unter 15 Jahren vergreift, muss mit bis zu 20 Jahren Strafe rechnen. Geringere Strafen gelten für die Prostitution von Erwachsenen, die verboten ist, sofern sie „offen und schamlos" angeboten wird.

Die Zahl der weiblichen, männlichen und transsexuellen Prostituierten liegt nach Schätzungen zwischen 200 000 und 800 000. Der Tourismus hat in erheblichem Maß zur Ausbreitung von Prostitution und zu sexueller Ausbeutung von Kindern im Besonderen beigetragen. Seit 1993 werden Täter auch durch deutsche Gerichte verfolgt.

SCHREIBWEISE

Sind Sie, der weiße Fremde, nun ein *falang* oder ein *farang*? Machen Sie Urlaub auf Ko Samui oder auf Koh Samui? *Ko(h)* bedeutet Insel, aber warum gibt es zwei Schreibweisen? Warum wird Strand mal *hat,* mal *had* und mal *haad* geschrieben? Eine klare Antwort auf solche Fragen gibt es nicht. Die Thai-Schrift ist für Fremde ein Buch mit sieben Siegeln, verfasst in zwar anmutigen, aber nicht entzifferbaren Schnörkeln. Und es gibt keine verbindliche Regel, wie man diese in lateinische Buchstaben überträgt.

SITTEN

Thais sind tolerant und mischen sich nicht in die Angelegenheiten anderer ein. Es gibt allerdings Situationen, in denen ihre Duldsamkeit ein Ende hat, z. B. bei abfälligen Bemerkungen über das Königshaus. Auch der Buddhismus, seine Vertreter und Symbole sollten mit Respekt behandelt werden. In Tempeln (gilt nicht für chinesische Tempel), Moscheen und Privathäusern müssen die Schuhe ausgezogen werden. Frauen dürfen Mönche keinesfalls berühren und sich auch nicht im Bus neben sie setzen.

Wer nicht auf sein Äußeres achtet, verliert sein Gesicht. Tragen Sie bei Tempelbesuchen oder auch Behördengängen unbedingt gepflegte Kleidung. Sie werden sonst nicht eingelassen bzw. nur schleppend oder gar nicht bedient. Oben-ohne-Baden ist ein Verstoß gegen die Landessitten. Wer seinem Ärger lautstark Luft macht, wird ebenfalls verachtet: Die Selbstkontrolle zu verlieren ist für Thais eine der schlechtesten Charaktereigenschaften.

Der Kopf ist zwar für Thais nicht „heilig", wie manche Westler meinen, aber er ist auch im übertragenen Sinn der höchste Körperteil. Den Kopf eines Einheimischen sollten Sie nicht berühren, selbst wenn es freundschaftlich gemeint ist. Die Fußsohle als niederster Körperteil darf nicht auf andere gerichtet werden.

Tritte erlaubt: Beim Thaiboxen setzen die Kämpfer auch ihre Füße ein

STICHWORTE

THAIBOXEN

Beim Nationalsport *muay thai* werden außer den Fäusten auch die Füße eingesetzt. Trommler heizen die Stimmung zusätzlich an. Fast genauso interessant wie der Kampf im Ring ist die Begeisterung der Zuschauer. Als notorische Zocker lassen die Thais keine Gelegenheit zum Wetten aus, schon gar nicht beim Boxen. Boxkämpfe werden in allen Provinzstädten veranstaltet. Die besten Kämpfer steigen in Bangkok in den Ring. Im ● *Lumpini Boxing Stadium (Rama IV Road | beim Lumphini Park | www.muaythailumpini.com)* kocht dienstags, freitags und samstags die Luft beim *muay thai.*

TRANSVESTITEN

Frauen, die mal Männer waren (oder es unter ihren Kleidern noch sind), werden Sie in Thailand öfter sehen. Besonders hübsche *katoy* oder *ladymen* treten in prachtvoll inszenierten Travestieshows in den Touristenzentren auf. Viele Zuschauer können es kaum glauben, dass diese verführerischen Wesen auf der Bühne gar keine richtigen Damen sind. Und mancher Nachtschwärmer hat schon die Erfahrung gemacht, dass eine stattliche Oberweite noch keine Garantie für eine hundertprozentige Frau ist. Viele Transvestiten prostituieren sich, viele gehen aber auch ganz normalen Berufen nach, was in Thailand ohne Spießrutenlaufen möglich ist. Zwar amüsieren sich die Thais gern über die *ladymen,* aber der Spaß ist nie verletzend gemeint.

WAI

Thais begrüßen sich nicht per Handschlag, sondern mit einem *wai.* Bei dieser anmutigen Geste werden die gefalteten Hände vor die untere Gesichtshälfte geführt. Das hört sich einfacher an, als es ist, denn es gilt eine Vielzahl von Regeln zu beachten. So entbietet der Jüngere den Wai zuerst. Auch wer einen niedrigeren Rang bekleidet, muss zuerst grüßen. Die Thais werden Ihre Versuche mit (belustigtem) Wohlwollen betrachten. Es ist aber durchaus in Ordnung, wenn Sie nur mit einem freundlichen Lächeln und einem Kopfnicken grüßen. Den Wai eines Kindes, von Dienstpersonal oder gar eines Bettlers sollten Sie nicht erwidern – Sie machen sich sonst lächerlich.

WAT

Wat ist die Bezeichnung für Tempel oder Kloster. Deshalb kann es in deutscher Sprache sowohl *der* Wat heißen (wenn nur der Tempel selbst gemeint ist) wie auch *das* Wat (wenn von der ganzen Klosteranlage die Rede ist). Normalerweise gehören Tempel und Kloster zusammen. Eine Ausnahme ist der Wat Phra Kaeo im Großen Palast in Bangkok: Zu diesem Königlichen Tempel gehört kein Kloster. Die Gebetshalle eines Wats wird *bot* genannt. *Chedi* sind spitz zulaufende Türme mit glockenartigem Fuß, Türme im klassischen Khmer-Stil heißen *prang.*

WIRTSCHAFT

Auch wenn etwa die Hälfte aller arbeitenden Thais ihren täglichen Reis in der Landwirtschaft verdienen, hat die Industrialisierung des Landes in den zurückliegenden Boomjahren große Fortschritte gemacht. Wichtige landwirtschaftliche Ausfuhrprodukte sind Reis (Thailand ist der größte Exporteur weltweit), Ananas, Kautschuk, Palmöl und tiefgefrorene Garnelen. Die Industrie exportiert insbesondere Elektro- und Elektronikartikel sowie Zubehör für die Automobilindustrie und Textilien. Thailand ist außerdem ein bedeutendes Ausfuhrland für Juwelen und Schmuck.

23

ESSEN & TRINKEN

Die thailändische Küche gilt nicht nur als eine der besten der Welt, sie ist auch außerordentlich bekömmlich. Sie ist eigenständig und unverwechselbar, gleichwohl insbesondere von den Küchen Chinas, Indiens und Malaysias beeinflusst.

An jeder Ecke dampft und brutzelt es in kleinen Kneipen. Fliegende Händler verkaufen gegrillten Tintenfisch, Fleischspießchen oder auf Eis gekühltes Obst. Fahrbare Garküchen parken am Straßenrand, ein paar Hocker und Tischchen stehen auf dem Gehsteig, und fertig ist das Open-Air-Restaurant.

Überm fauchenden Gaskocher oder über Holzkohle wird im Handumdrehen ein köstliches Essen zubereitet: Nudelsuppe mit Huhn oder Ente, gebratener Reis mit Krabben, ein Omelett mit Muscheln oder Pfannkuchen mit Ananasstückchen. Fleisch wird sparsam verwendet. Eher schon kommen Geflügel und Meeresfrüchte auf den Teller. Gemüse wird nur kurz gegart, bleibt dadurch knackig und behält seine Vitamine. Viele unterschiedliche Gewürze und Kräuter geben den Speisen den besonderen Pfiff, z. B. Koriander, Zitronengras und -blätter, Ingwer, Basilikum, Tamarinde, Minze, Curry und Garnelenpaste. Nicht zu vergessen: Knoblauch und Chili!

Nur die gehobenen Speiserestaurants halten sich an feste Zeiten für Lunch (etwa 11.30 bis 14 Uhr) und Dinner (etwa 18 bis 22 Uhr). Viele Lokale aber tischen bis spät in die Nacht etwas auf, und Garküchen an den Straßen warten in den

Bild: *Tom yam gung*, ein klassisches Thai-Gericht

Die thailändische Küche ist oft scharf, aber immer leicht – und zum Nachtisch wartet ein himmlischer Früchtereigen

großen Städten und den Touristenorten sogar fast rund um die Uhr auf Gäste. Sofern nicht anders angegeben, haben die in diesem Reiseführer genannten Restaurants täglich geöffnet.

Thai-Gerichte kommen in mundgerechten Stücken auf den Teller oder können leicht mit Löffel und Gabel zerteilt werden. Gegessen wird mit dem Löffel in der rechten Hand. Die Gabel dient nur dazu, den Bissen auf den Löffel zu schieben. Lediglich Nudelgerichte und Suppen werden mit Essstäbchen gereicht, die von den Chinesen übernommen wurden. Ein typisches Thai-Menü für eine größere Runde besteht aus Speisen in bis zu fünf Geschmacksrichtungen: bitter, süß, sauer, salzig und scharf. Dazu gehört ein großer Topf Reis. Jeder bedient sich selbst, wobei es egal ist, in welcher Reihenfolge die Speisen verzehrt werden.

Thais verwenden Chili generell sehr großzügig, in Touristenlokalen jedoch sparsamer. Vorsichtshalber können Sie bei der Bestellung ein *mai peht* (nicht scharf) angeben. Standardgerichte wie gebratener

25

SPEZIALITÄTEN

- **gaeng kiau wan gai** – grüner Curry mit Hühnchenfleisch und Auberginen, leicht süßlich *(wan)*
- **gaeng massaman** – roter Curry mit Rindfleischstückchen, Erdnüssen und Kartoffeln (etwas scharf), besonders beliebt in Südthailand
- **gung hom pa** – Garnelen im Teigmantel, besonders wohlschmeckend, wenn sie in Sauce tartare (eine Art Remouladensauce) oder eine süßsaure Essigsauce mit Chiliringen gestippt werden (Foto li.)
- **kao niau** – Klebreis, besonders im Nordosten Thailands geschätzt
- **kao pat** – gebratener Reis mit Ei *(kai)* und Gemüse *(pak)*. Weitere Zutaten sind Krabben *(gung)*, Schweinefleisch *(mu)* oder Huhn *(gai)*
- **kui tiao nam** – Nudelsuppe, meist mit Schweinefleisch oder Huhn zubereitet, besonders lecker ist sie aber mit Ente *(pet)*. Thailands beliebteste Zwischenmahlzeit (Foto re.)
- **plamuk tohd katiam pik thai** – Tintenfischstückchen, gebraten mit Knoblauch und Pfeffer (nicht scharf)
- **pla piau wan** – gebratener Fisch süßsauer, auch ein Fest fürs Auge: Die Sauce wird mit viel buntem Gemüse und Ananasstückchen angerichtet
- **som tam** – Salat aus dünnen Streifen von grünen Papayas, der auch mit Cocktailtomaten, getrockneten Krabben, kleinen Krebsen und viel Chili zubereitet wird. Dazu passen rohes Gemüse, Klebreis und gegrilltes Huhn *(gai yang)*
- **tom kha gai** – Suppe mit Hühnchenfleisch in Kokosmilch, ein besonderer exotischer Genuss. Vorsicht: In der Brühe schwimmen auch Chilischoten!
- **tom yam gung** – säuerliche Garnelensuppe mit Zitronengras und viel Chili. Thailands inoffizielles Nationalgericht
- **yam wunsen** – Glasnudelsalat mit Kräutern, Garnelen und Schweinehack. Auch ihm verleiht Chili beachtliche Schärfe!

Reis, gebratene Nudeln oder Nudelsuppen werden vom Gast selbst gewürzt. Auf jedem Tisch stehen dazu kleine Gefäße mit getrockneten und zermahlenen Chilischoten, Zucker (für die Nudelsuppe) und einer süßsauren Essigbrühe, in der frische Chilistückchen schwimmen. Anstelle von Salz gibt es *nam pla,* eine hellbraune Flüssigkeit aus fermentierten Fischen. Versetzt mit gehacktem Chili wird

ESSEN & TRINKEN

aus der Fischsauce *pik nam pla* – Vorsicht beim Dosieren!

Salat im deutschen Sinn, wie etwa grünen Salat oder Tomatensalat, gibt es in der Thai-Küche nicht. Ein typischer thailändischer Salat *(yam)* ist eher schon ein eigenständiges Gericht und wird gern als Zwischenmahlzeit verzehrt. Er ist fast immer sehr scharf! Z. B. der herzhafte *yam nüa*, ein säuerlicher Salat aus gebratenen Rindfleischstückchen, garniert mit Knoblauch, Koriander, Zwiebeln und zerstoßenen Chilischoten. Sehr beliebt ist auch *yam wunsen*, dessen wichtigste Zutat Glasnudeln sind.

Thais lieben Süßigkeiten *(kanom)*. Wobei die Betonung zumeist wirklich auf „süß" liegt. Die kleinen Kalorienbomben finden Sie in allen Farben des Regenbogens an Ständen auf Festen, Märkten und bei Straßenhändlern. Besonders beliebt sind die in Bananenblätter eingepackten Leckereien aus Klebreis, der in Kokosnussmilch gegart wurde.

Thailand ist ein Paradies für feines Obst. Für Thais ist die Durian oder Stinkfrucht die Königin der Früchte. Das weißgelbe Fruchtfleisch unter der Stachelschale ist fast cremig weich – man wird entweder süchtig danach oder hat nach dem ersten Bissen für immer genug davon. Die Mango *(mamuang)* schmeckt besonders gut mit konzentrierter Kokosmilch und mit Klebreis. Thais schätzen auch grüne Mangostreifen, die sie in ein Zucker-Chili-Gemisch stippen. Unter der weinroten Schale der delikaten Mangostan *(mangkut)* verbirgt sich weißes, saftiges Fruchtfleisch, das süßlich und zugleich etwas säuerlich schmeckt. Auch die haarige Rambutan *(ngo)*, die feinen Litschis *(lintschi)* oder die wie Glöckchen aussehenden roten Javaäpfel *(dschompu)* sollten Sie probieren.

Das Angebot an frisch gepressten Obstsäften beschränkt sich meist auf Oran-

So werden aus Wassermelonen saftige Kunstwerke geschnitzt

gensaft. Trinkwasser *(nam bau)* aus Flaschen und Mineralwasser sind überall zu haben. Das beliebteste einheimische Bier ist *Chang*, eines der billigeren Gebräue. Ebenfalls im Land gebraut werden Marken wie Heineken, Tiger und Singha. Der preiswerte Rum *Mekhong* wird aus Reis destilliert und als „Whisky" bezeichnet. Besser schmeckt der *Saeng Som*, der aber nicht pur getrunken wird, sondern mit Sodawasser und Limonensaft (Touristen mischen ihn gern mit Cola).

27

EINKAUFEN

Die üblichen Mitbringsel vom bunt bemalten Papierschirm über Lackarbeiten bis zum geschnitzten Elefanten sind nicht alles, was Ihnen geboten wird. Schuhe, Markenmedikamente, Gewürze, Kleidung und vieles mehr kosten oft nur einen Bruchteil dessen, was Sie zu Hause dafür bezahlen. In den Kaufhäusern *(department stores)* gelten Festpreise. Auch viele einzelne Geschäfte, zumal in Shoppingcentern, zeichnen ihre Waren aus. Aber dort können Sie den Preis oft noch herunterhandeln. Bei den Straßenhändlern ist Feilschen Pflicht.

ANTIQUITÄTEN

Achtung: In Thailand lebt eine ganze Industrie davon, Neues antik aussehen zu lassen. Offiziell dürfen Antiquitäten nicht ohne Genehmigung ausgeführt werden. Ein seriöses Geschäft wird diese für Sie besorgen. Zuständig für Ausfuhrgenehmigungen ist das *Department of Fine Arts (Tel. 02 2 2178 11)* des Nationalmuseums in Bangkok. Echte Thai-Antiquitäten sind sehr selten. Händler bieten deshalb meist Stücke aus vielen asiatischen Ländern an, beispielsweise chinesisches Porzellan oder Landkarten aus der kolonialen Vergangenheit Südostasiens.

BUDDHASTATUEN

Selbst Buddhastatuen aus neuester Produktion dürfen nicht ohne Genehmigung ausgeführt werden. Zuständig dafür sind die Nationalmuseen, z. B. in Bangkok oder auf Phuket. Ein seriöser Händler wird das Papier für Sie besorgen. Die Ausfuhr von historisch wertvollen Buddhafiguren ist generell verboten.

GOLD & JUWELEN

Kaufen Sie nie Juwelen von fliegenden Händlern, lassen Sie sich nie von Schleppern in ein Geschäft lotsen. Edelsteinbetrüger, die mit dubiosen Juwelieren zusammenarbeiten, lauern insbesondere vor Bangkoks Sehenswürdigkeiten auf gutgläubige Touristen. Goldschmuck zu 23 Karat gibt es in speziellen Goldgeschäften, die Sie an der roten Innenausstattung erkennen. Der Preis richtet sich nach dem aktuellen Goldkurs plus ca. 10 Prozent für die Verarbeitung.

KLEIDUNG NACH MASS

Vereinbaren Sie beim Schneider mindestens eine Anprobe und bestehen Sie, falls nötig, auf Änderungen. Eine Anzahlung

Ob Sie Perlen oder Parfum, eine neue Brille oder modische Accessoires suchen: In Thailand macht Shopping Spaß

ist üblich, aber die ganze Summe sollten Sie erst begleichen, wenn alles zu Ihrer Zufriedenheit ausgeführt ist.

KOSMETIK

Einfach der Nase nach! In den Kaufhäusern sind die Kosmetikabteilungen zumeist im Erdgeschoss angesiedelt, und zwar auf der gesamten Grundfläche. Thailänderinnen lieben Parfums, Cremes und Co. Entsprechend riesig ist das Angebot.

MODE & ACCESSOIRES

In Thailand finden Sie Markenmode aus aller Welt, dazu Schuhe und Accessoires jedes bekannten Labels. Aber auch einheimische Fashiondesigner machen mit ihren Kreationen immer mehr Furore. Das mit Abstand beste Einkaufsziel für modischen Schick ist Bangkok. In gigantischen Shoppingcentern und Kaufhäusern ist der Kaufrausch vorprogrammiert.

PERLEN

Die thailändischen Zuchtperlen stammen aus dem Meer vor der Insel Phuket im Süden des Landes. Sie können die Farmen besuchen, wo die kostbaren Rundlinge in Muscheln wachsen.

PLAGIATE

Es wird alles als Fälschung angeboten, was teuer ist und einen Namen hat, ob Armbanduhren, T-Shirts, Jeans oder Parfum. In Thailand werden Käufer keinen Ärger mit der Polizei bekommen, aber der heimische Zoll gratuliert bei der Einreise bestimmt nicht zum Schnäppchen.

SEIDE

Da thailändische Seide von Hand gewebt wird, ist sie niemals vollkommen glatt, sondern mit kleinen Knötchen durchsetzt, was ihrer Eleganz übrigens keineswegs abträglich ist.

DIE PERFEKTE ROUTE

TRAUMSTRÄNDE & FELSENINSELN

Beginnen Sie Ihre Tour auf ❶ *Phuket* → S. 88. Thailands Ferieninsel Nr. 1 bietet Traumstrände im Dutzend und eine Altstadt im sinoportugiesischen Stil. Auf dem Hwy. 4 geht es aufs Festland nach Phang Nga, wo Sie in der ❷ *Bucht von Phang Nga* → S. 91 zu Felseninseln schippern können, die schon James Bond beeindruckten.

AB IN DEN DSCHUNGEL

Küstenwechsel: Die Nationalstraßen 415 und 401 führen zum Golf von Thailand. Auf halber Strecke wartet der Dschungel: Im ❸ *Khao-Sok-Nationalpark* → S. 97 erforschen Sie zu Fuß und im Kanu den Urwald, nächtigen in Baumhäusern und lassen sich morgens vom Schrei der Gibbons wecken (Foto o.).

BIG BUDDHA & MEGADISKOS

Fahren Sie weiter nach Surat Thani – im Hafen Don Sak legen die Autofähren nach ❹ *Ko Samui* → S. 82 ab. Die Ringstraße der Insel führt zu allen Stränden. Entzünden Sie vor dem Big Buddha ein paar Räucherstäbchen, bewundern Sie die bunten Fischerboote im Dorf Hua Thanon und tanzen Sie ab in Megadiskos.

WO KÖNIGE BADEN GINGEN

Nun geht es zurück aufs Festland nach ❺ *Hua Hin* → S. 74. Hier gibt's Fisch frisch vom Grill in den Seafoodrestaurants am Meer. Luxus und der Charme der 1920er-Jahre erwarten Sie im Sofitel Centara, einem der ältesten Hotels des Landes.

MÄRCHENPALAST & FLOHMARKT

In ❻ *Bangkok* → S. 46 erleben Sie eine faszinierende Hauptstadt zwischen Tradition und Moderne. Ein absolutes Muss ist der märchenhafte Große Palast. Am Wochenende können Sie auf dem gigantischen Chatuchak Weekend Market stöbern.

WIEGE EINES KÖNIGREICHS

Von Bangkok bringt Sie auch die Eisenbahn bis nach Chiang Mai in Nordthailand. Aber egal, ob Sie auf Schienen oder auf dem Hwy. 1 fahren: Erster Stopp sollte die alte Königsstadt ❼ *Ayutthaya* → S. 43 sein. Das historische Zentrum ist gespickt mit Ruinen von Tempeln und Palästen – ihr Zauber entfaltet sich besonders stimmungsvoll abends im Licht von Scheinwer-

30 www.marcopolo.de/thailand

Erleben Sie die vielfältigen Facetten Thailands von Süd nach Nord mit kleinen Abstechern links und rechts der Hauptroute

fern. Die Hwys. 32, 11 und 12 ziehen sich durch weites Reisbauernland hoch nach ❽ *Sukhothai* → S. 54. Nächste Bahnstation ist das 50 km entfernte Phitsanulok, von dort pendeln Busse. In der Hauptstadt des ersten Thai-Reichs künden im Geschichtspark von Alt-Sukhothai rund 200 Ruinen von der „Morgendämmerung des Glücks", wie die 1238 gegründete Tempelstadt genannt wird.

AUF DEN HÖCHSTEN BERG

Die geschäftige und doch gemütliche Provinzhauptstadt ❾ *Lampang* → S. 92 ist auch Bahnstation. Bei einer Pferdekutschfahrt sehen Sie Märkte, Tempel und verwitterte Teakholzhäuser. ❿ *Chiang Mai* → S. 56 gilt als „Rose des Nordens". In der Altstadt kommen Sie auf Schritt und Tritt vorbei an exquisiten Tempeln (Foto u.). Auf den höchsten Berg des Landes, ⓫ *Doi Inthanon* → S. 60, windet sich eine Serpentinenstraße bis in 2565 m Höhe. Oben können Sie eine kleine Wanderung durch den Nebelwald unternehmen.

IM WILDEN NORDEN

Weiter geht es per Auto oder Bus nach ⓬ *Chiang Rai* → S. 60. Auf dem Nachtmarkt der Stadt bieten Angehörige der Bergvölker ihre Handarbeiten an und führen auch Tänze auf. Absolut lohnend auf der Weiterfahrt Richtung Norden ist ein Abstecher in die Berge zum Dorf ⓭ *Mae Salong* → S. 62. Hier bauen Nachfahren chinesischer Kuomintang-Soldaten Kaffee und Tee an. Thailands nördlichste Stadt ⓮ *Mae Sai* → S. 62 ist nur durch einen schmalen Fluss von Tachilek in Myanmar getrennt. Auf beiden Seiten warten unzählige Shops und Marktstände auf Besucher.

1800 km. Reine Fahrtzeit 28 Stunden. Empfohlene Reisedauer: mind. 12 Tage. Detaillierter Routenverlauf auf dem hinteren Umschlag, im Reiseatlas sowie in der Faltkarte

OSTKÜSTE

Zwischen Bangkok und der Grenze zu Kambodscha warten 400 Küstenkilometer auf Besucher. Abgesehen von der trubeligen, internationalen Touristenmetropole Pattaya finden Sie hier noch viele schöne Plätzchen für einen geruhsamen Strandurlaub.

Wenn Sie Bangkok auf der Nationalstraße 3 in Richtung Osten verlassen, fahren Sie mitten in das größte Industrierevier des Landes, das Eastern Seaboard. Aber wenn Sie bei Chonburi die Salzteiche passiert haben, kommen bessere Aussichten. Im Abschnitt von Pattaya bis Rayong kommt wieder Urlaubslaune auf. Während sich an den Stränden von Pattaya Touristen aus aller Welt bräunen, werden die Strände von Rayong fast ausschließlich von großstadtgeplagten Thais an Wochenenden und zur Ferienzeit überschwemmt. Hinter Rayong, einer touristisch uninteressanten Provinzhauptstadt, haben Fischer und Obstbauern den fruchtbaren Küstenstreifen wieder für sich allein. Nur noch zwei größere Städte passieren Sie auf der Weiterfahrt: Chantaburi, berühmt für seine Edelsteine, und Trat, Sprungbrett nach Ko Chang. Die nach Phuket zweitgrößte thailändische Insel (429 km²) ist für einen Badeurlaub ohne Rummel der schönste Platz an der Ostküste des Golfs von Thailand.

KO CHANG

(135 E–F4) (*M* F11) ⭐ **Ko Chang, das ist eine Dschungelinsel mit bis zu 744 m**

Bild: White Sand Beach auf Ko Chang

Rummel und Ruhe unter Palmen: Zwischen der Touristenhochburg Pattaya und der Insel Ko Chang liegen Urlaubswelten

hohen Gipfeln, ein paar Fischerdörfern und palmenbestandenen Stränden. Noch in den 1990er-Jahren war sie ein echter Geheimtipp unter Rucksacktouristen, die in ein paar Bambushütten übernachteten.

Inzwischen wurde eine asphaltierte Piste entlang der Strände durch den Dschungel geschlagen, und ein Unterseekabel liefert rund um die Uhr Strom vom nahen Festland. Viele Resorts von einfach bis luxuriös sind aus dem Boden geschossen wie Pilze nach einem warmen Regen.

Aber noch immer überragt kein Bauwerk die Palmen: Hier können Sie die Seele baumeln lassen. Je weiter Sie nach Süden kommen, umso größer ist die Ruhe und umso jünger das Publikum.

Von Bangkok aus fliegt Bangkok Airways in die Provinzhauptstadt Trat. Ein Flughafen-Minibus bringt Sie via Fähre direkt zum gewünschten Strand bzw. Resort auf Ko Chang. Von Pattaya aus reisen Sie am einfachsten mit einem klimatisierten Minibus an (ca. 600 Baht). Vom Eastern Bus Terminal (Ekkamai) in Bangkok fah-

KO CHANG

ren stündlich Busse nach Trat (315 km, Fahrtdauer 4–5 Std.). Von dort geht es weiter mit einem *songthaeo* (öffentlicher Minibus) in 30 Minuten zu einem von zwei Piers beim Hafenstädtchen Laem Ngob. Hier legen den ganzen Tag über Personenfähren ab. Zwei weitere Piers in der Bucht von Thammachat, 15 km westlich von Laem Ngob, werden vor allem von Autos und Minibussen aus Bangkok und Pattaya angesteuert.

serfall von *Klong Plu (Eintritt 200 Baht)* im Hinterland des Klong Phrao Beach. Das Fischerdorf *Bang Bao* an der Südküste der Insel wurde auf Pfählen ins Meer gebaut. Lassen Sie sich dort frischen Fisch

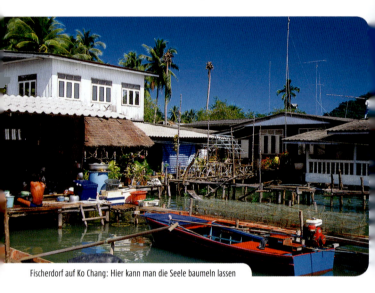

Fischerdorf auf Ko Chang: Hier kann man die Seele baumeln lassen

in einem der Freiluftrestaurants schmecken! Auf Bootstouren kann man die 50 anderen Inseln erkunden, die zum Nationalpark von Ko Chang gehören.

SEHENSWERTES

Ko Chang liegt in einem Meeresnationalpark, und die Natur ist immer noch die größte Attraktion. Im Dschungel erfrischen mehrere Wasserfälle müde Wanderer. Am schönsten ist der dreistufige *Tan Mayom (Eintritt 200 Baht)* an der Ostküste nahe dem Hauptquartier der Parkverwaltung. Wasserreich über drei Stufen rauscht er aber nur in der Regenzeit oder kurz danach. Das gilt auch für den Was-

ESSEN & TRINKEN

Die meisten eigenständigen Restaurants finden sich am White Sand Beach. Gute thailändische und deutsch-schweizerische Küche serviert der Ko-Chang-Pionier James Brunner im *Ploma Cliff Resort Restaurant (€–€€)*. Im *Invito (€–€€)* tragen die Ober weiße Jacken; hier gibt's die beste Pasta und Pizza der Insel. Der Strand verwandelt sich abends in einen Grillplatz: Die Resorts rollen für ihre Gäste Matten aus und stellen Tische in den Sand.

OSTKÜSTE

STRÄNDE

KAI BAE BEACH
Dieser 1,5 km lange, zum Teil mit Steinen durchsetzte Strand liegt ein gutes Stück von der Hauptstraße entfernt. Im Hinterland befindet sich ein Dorf mit Shops und Kneipen für Touristen, das sogar mit einer *Wine Gallery* aufwartet.

KLONG PHRAO BEACH
Am 3 km langen Strand mit noch vielen freien Flächen finden Sie die weitläufigsten Resorts der Insel – alle sehr ruhig, da sie abseits der Hauptstraße liegen. Entlang der Straße wird kräftig an der touristischen Infrastruktur gebaut.

LONELY BEACH
Viele Steine, nur ein paar Hundert Meter Sand, aber ein Platz mit schrägen Chillout-Kneipen für Rucksacktouristen, die heute die Hippiezeit nachholen. Beeilen Sie sich, wenn Sie dabei sein wollen, denn das erste Resort mit Pool und Aircondition hat schon eröffnet.

WHITE SAND BEACH
Der White Sand Beach (Hat Sai Khao) im Norden ist der Hauptstrand der Insel: ein schmaler, 2 km langer Streifen Flachland zwischen Dschungelbergen und dem Meer, das hier selbst bei Ebbe nicht ganz so seicht ist wie an den Stränden weiter südlich. Die Beachroad ist zugebaut mit Resorts, Kneipen, Shops und Reisebüros.

FREIZEIT & SPORT

Tauchen wird immer beliebter, und auch Schnorchler können mit an Bord der Tauchboote gehen. Kajaks und Windsurfbretter werden an den Stränden vermietet. Trekkingtouren im Dschungel – zu Fuß oder auf dem Elefantenrücken – bietet jedes Reisebüro an.

Im Dorf 🕐 INSIDER TIPP ▶ *Salak Kok* an der Ostküste setzen sich die Bewohner für den Erhalt des Mangrovendschungels ein. Ein Lehrpfad *(Eintritt frei)* mit englischsprachigen Hinweisschildern führt durch dieses faszinierende Ökosystem. Bei Flut können Sie auch mit einem Boot der *Salak Kok Kayak Station* durch die Mangroven paddeln. Im *Tree Top Adventure Park (www.treetopadventurepark. com)* im Inselinnern geht's dagegen an Seilen oder auf Hängebrücken hoch in die Baumkronen.

AM ABEND

Ein paar witzige Strandbars am White Sand Beach machen erst dann zu, wenn der letzte Gast geht. Unzählige Lichterketten, um Büsche und Palmen geschlungen, sorgen für stimmungsvolle Atmosphäre. Angesagte Treffs sind die *Sabay Bar* (Vollmondpartys, abends Livemusik und Fireshow) und *Oodie's Place* (Livemusik). Der Logenplatz für einen Sundowner ist die Restaurantterrasse des

---

⭐ **Ko Chang**
Viel Strand, viel Dschungel und Resorts für jeden Geldbeutel
→ S. 32

⭐ **Pattaya**
Unzählige Ausflugsziele und Sportspaß von Tauchen bis Gokartfahren: Die Stadt am Golf von Thailand hat viel mehr zu bieten als nur Bars → S. 38

⭐ **Chantaburi**
Wo die edlen Steine geschliffen werden: Tagestouren zu den Saphirminen mit Stopp im Bergkloster → S. 40

MARCO POLO HIGHLIGHTS

35

KO CHANG

Sandstreifen zwischen Dschungel und Meer: White Sand Beach

● **INSIDER TIPP** *Rock Sand Resort* auf der Felsnase am nördlichen Ende des White Sand Beach. Ein Nest von Bierbars findet sich direkt an der Inselstraße am White Sand Beach und am Klong Phrao Beach *(Koh Chang Entertainment Complex)*. Der Lonely Beach mit seiner Backpackerszene ist der Partystrand von Ko Chang. Wenn Sie nachts gern feiern bei Livemusik und Fireshow, sind Sie hier richtig.

ÜBERNACHTEN

Ko Chang boomt. In der Hauptsaison von Dezember bis Februar ist kaum ein Zimmer frei. Buchen Sie vor! Für Thailand ist das Preis-Leistungs-Verhältnis auf der Insel bescheiden.

BANPU KOH CHANG
Fast wie ein Südseetraum: palmstrohgedeckte, komfortable Bungalows mit TV, Minibar und kleinem Pool – in einem Tropengarten am White Sand Beach. *31 Zi. | Mobiltel. 08 19 35 69 53 | www.banpuresort.com | €€€*

CENTARA KO CHANG TROPICANA RESORT
Sehr schöne Anlage in einem Tropengarten am Klong Phrao Beach. Geräumige, stilvolle Bungalows mit allem Komfort, zwei Pools. *156 Zi. | Tel. 039 55 71 22 | www.kohchangtropicana.net | €€€*

KLONG PRAO RESORT
Gepflegte Bungalows (mit TV und Kühlschrank) entlang einer Lagune, nur wenige Meter vom Strand. Es gibt einen Pool, einen Supermarkt und sehr viel Platz in der parkähnlichen Anlage. Vielleicht das beste Preis-Leistungs-Verhältnis auf Ko Chang. *126 Zi. | Tel. 039 55 11 15 | www.klongpraoresort.com | €€–€€€*

PLALOMA CLIFF RESORT
Am felsigen Südende des White Sand Beach gelegen, via Beachroad fünf Mi-

OSTKÜSTE

nuten zum Sandstrand. Zimmer mit Ventilator oder Aircondition, TV und Minibar in schöner Gartenanlage, Pool. Von den Häusern hoch auf den Klippen haben Sie eine prächtige Aussicht. *68 Zi. | Tel. 039 55 11 19 | www.plaloma-cliff.com | €–€€*

INSIDER TIPP PORNS BUNGALOWS
Die rustikale Anlage unter alten Laubbäumen und Kokospalmen ist ein Szenetreff für Traveller. Die meisten Bungalows sind aus Holz, schlicht, aber mit eigener Dusche und Ventilator. Es gibt auch ein paar Steinhäuser mit Aircondition. *26 Zi. | Mobiltel. 08 92 51 92 33 | www.pornsbungalows-kohchang.com | €*

SIAM BEACH RESORT
Das Resort verfügt über Komfortzimmer in zweistöckigen Häusern am Strand und rustikale, aber klimatisierte Holzbungalows in Hanglage mit klasse Aussicht auf den Lonely Beach. Pool mit Jacuzzi. *42 Zi. | Mobiltel. 08 45 24 43 21 | www.siambeachresort.in.th | €€–€€€*

WHITE SAND BEACH RESORT
Das älteste Resort auf Ko Chang liegt am ruhigen nördlichen Ende des gleichnamigen Strandes. Die Pfahlbungalows mit Terrassen sind einfach, aber zweckmäßig. Alle mit Klimaanlage, TV und Kühlschrank. *92 Zi. | Mobiltel. 08 16 37 77 37 | www.whitesandbeachresort.net | €€*

AUSKUNFT

TOURISM AUTHORITY OF THAILAND
Links vor dem Laem-Ngob-Pier | Tel. 039 59 72 59

ZIEL IN DER UMGEBUNG

OASIS SEA WORLD (135 E3) (*M F10*)
Hier können Sie mit Delphinen schwimmen – aber nur, wenn Sie kurze Fingernägel haben und die Brille und allen Schmuck ablegen (Delphinhaut ist empfindlich!). Diese Zuchtstation liegt ca. 50 km westlich von Trat in Laem Sing in der Provinz Chantaburi. Hier werden auch Delphine aufgepäppelt, die sich etwa in Fischernetzen verheddert und dabei verletzt haben. Da immer nur eine begrenzte Zahl von Besuchern zu den Delphinen ins Becken darf, empfiehlt es sich, so früh wie möglich vorzubuchen. *Eintritt 180 Baht (inklusive Show), 400 Baht fürs Schwimmen mit den Delphinen | einige Reisebüros bieten auch Tagestouren an (Preis je nach Teilnehmerzahl ab ca. 1500 Baht) | Tel. 039 36 32 38 | www.swimwithdolphins.information.in.th*

LOW BUDGET

▶ Von der Ekkamai-Busstation in Bangkok, direkt an der Skytrain-Station Ekkamai, fahren alle 30 Minuten klimatisierte Busse für 127 Baht nach Pattaya. Langsamer, aber billiger (40 Baht) ist der Zug ab Bangkok Hauptbahnhof um 6.55 Uhr. Busse nach Trat – von dort geht's weiter nach Ko Chang – fahren stündlich für 220–250 Baht (ebenfalls ab Ekkamai).

▶ „Bei uns bist du kein Fremder" lautet das Motto im *Elephant & Castle (6 Zi. | 2 km südlich des White Sand Beach, von der Hauptstr. 100 m landeinwärts | Mobiltel. 08 60 27 63 44 | www.eandckohchang.com)* auf Ko Chang. Der Engländer John und sein Thai-Team bieten Familienanschluss und einfache, saubere Bungalows mit Ventilator in einem großen Tropengarten. Viel Ruhe für ca. 12 Euro pro Nacht.

PATTAYA

(134 C3) (*D10*) Berühmt und berüchtigt und von den Medien zigmal totgeschrieben, ist ⭐ Pattaya heute lebendiger denn je. Von dem verschlafenen Fischerdorf der 1960er-Jahre ist nichts übrig geblieben.

> **🏙 WOHIN ZUERST?**
> **Shoppingcenter Central Festival:** Das Shoppingcenter in der Mitte der Beach Road ist ein idealer Ausgangspunkt, um die Bucht nach Nord und Süd zu erkunden. Hier sind Sie mitten im Zentrum von Pattaya. Baht-Busse (Pick-ups mit Bänken) fahren die Beach Road runter und die parallel verlaufende Second Road wieder hoch (per Handzeichen stoppen, zum Aussteigen Klingelknopf drücken, Fahrpreis 10 Baht, nachts 20 Baht). An diesen beiden Hauptstraßen finden Sie die meisten Shops, Lokale und Hotels.

Pattaya ist eine Stadt am Meer, eine 260 000-Einwohner-Submetropole, die auf Hochtouren pulsiert. Die unzähligen Bars, die Pattayas Ruf als Sündenbabel begründeten, sind noch da. Aber die Behörden tun viel, um das Image aufzupolieren. Der Kinderprostitution haben sie den Kampf angesagt. Die einst völlig verschmutzte Bucht von Pattaya ist dank einer Kläranlage viel sauberer geworden. Zum Baden zieht es jedoch die meisten Urlauber an den zehn Taximinuten entfernten, kilometerlangen Jomtien Beach. Auch für Sportspaß ist gesorgt: Golf, Tauchen, Segeln, Fischen, Bowling, Tennis, Schießen, Reiten, Gokartfahren – so ziemlich alles wird geboten.

SEHENSWERTES

Die Liste der touristischen Attraktionen in der Provinz Chonburi, zu der Pattaya gehört, ist fast endlos. Ob vorgelagerte Inselchen, Meeresaquarium, botanische Gärten oder Folkloreshows – ein Urlaub reicht nicht aus, um alles zu sehen.

MINI SIAM

Großer Park mit den berühmtesten Bauwerken Thailands und der übrigen Welt im Maßstab 1:25. *Tgl. 7–22 Uhr | Eintritt 300 Baht, organisierte Tour im Reisebüro ca. 550 Baht | am Sukhumvit Hwy., nahe Busbahnhof | Tel. 038 72 73 33 | www. minisiam.com*

NONG NOOCH TROPICAL GARDEN

Orchideen, Zoo, Elefantenshow und Folkloredarbietungen im größten botanischen Garten Südostasiens. *Tgl. 8–18 Uhr, vier Shows zwischen 9.45 und 16.30 Uhr | Eintritt 500 Baht, inkl. Transfer vom Hotel 600 Baht | 15 km südlich von Pattaya | am Sukhumvit Hwy. | www. nongnoochgarden.com*

PATTAYA FLOATING MARKET

Der See ist künstlich, das Pfahldorf mitten drin auch. Doch obwohl die ganze Anlage für Touristen erschaffen wurde, wirkt der schwimmende Markt wie ein Relikt aus vergangener Zeit. Es gibt hier über 100 Restaurants und Shops, die durch Brücken miteinander verbunden sind. *Tgl. 8–20 Uhr | Eintritt 200 Baht | im Südosten von Pattaya, Richtung Jomtien am Sukhumvit Hwy. | www. pattayafloatingmarket.com*

RIPLEY'S BELIEVE IT OR NOT ●

Was kaum zu glauben, aber wahr ist, wird plastisch dargestellt: vom dreibeinigen Pferd bis zum größten Fresssack der Geschichte, dem römischen Kai-

OSTKÜSTE

ser Vitelius. *Tgl. 11–23 Uhr | Eintritt 480 Baht | im Shoppingcenter Royal Garden Plaza (mitten in Pattaya) | www.ripleysthailand.com*

SANCTUARY OF TRUTH
Riesiges Teakholzgebäude in der Naklua-Bucht mit Tausenden geschnitzten Figuren. Das Monument von 100 m Länge und 100 m Höhe präsentiert fernöstliche Mythologien ebenso wie die Verbindung des menschlichen Lebens mit dem Kosmos. *Tgl. 9–18 Uhr | Eintritt 500 Baht | www.sanctuaryoftruth.com*

ESSEN & TRINKEN

BRUNO'S
Elegantes Restaurant, in dem ausgezeichnete mediterrane und thailändische Küche serviert wird. *Chateau Dale Plaza | 306/63 Thappraya Road | Jomtien Beach | Tel. 038 36 46 00 | www.brunos-pattaya.com | €€€*

INSIDER TIPP MANTRA
Ob Sushi, Tandoori oder Bouillabaisse – im Mantra treffen kulinarische Highlights aus Ost und West aufeinander. Das Lokal ist geschmackvoll durchgestylt, und Gäste in Shorts und Badelatschen werden nicht eingelassen. *Beach Road | nahe Soi 1 beim Amari Hotel | Tel. 038 42 95 91 | www.mantra-pattaya.com | €€€*

RUEN THAI RESTAURANT
In diesem Freiluftlokal werden die Gäste mit klassischen Thai-Tänzen unterhalten. *Pattaya 2nd Road | Südpattaya | Tel. 038 42 59 11 | €€*

EINKAUFEN

Das *Central Festival* zwischen Beach Road und Second Road bietet das ganz große Shoppingerlebnis: ein Haus der Superlative mit 200 Shops, 100 Restaurants, Imbissständen und Cafés, riesigem Supermarkt, Kinos und Bowlingbahnen. Viele

Pattaya, quirliges Touristenzentrum am Golf von Thailand

39

PATTAYA

Shops und Boutiquen finden Sie auch im nahe gelegenen *Royal Garden Plaza*. Ein großes Kaufhaus, das eher an einen überdachten Basar erinnert, ist die *Mike Shopping Mall (262 Pattaya 2nd Road)*.

AM ABEND

In Pattaya gibt es viele Pubs mit Livemusik, z. B. den bei ortsansässigen Ausländern beliebten *Green Bottle Pub (216 Pattaya 2nd Road | beim Diana Inn Hotel)*. Die größte Disko ist das *Palladium (Pattaya 2nd Road)*, ein fast schon legendärer Treff die *Marine Disco (Walking Street)*, der lauteste Technotempel das *Xzyte (Pattaya 3rd Road)*. Ein Erlebnis ist die Travestieshow im *Alcazar (Eintritt 550–750 Baht | 464 Pattaya 2nd Road | Tel. 038 42 31 11)* genauso wie *Tiffany's Show (Eintritt 550–750 Baht | 464 Pattaya 2nd Road | Tel. 038 42 96 42 | www.tiffanyshow.co.th)*.

ÜBERNACHTEN

Pattaya verfügt über das beste Preis-Leistungs-Verhältnis aller thailändischen Urlaubsorte: Schon ab ca. 40 Euro sind TV, Minibar und Pool obligatorisch.

INSIDER TIPP AUGUST SUITES

Geräumige, geschmackvoll ausgestattete Zimmer mit Balkon. Das Haus in zentraler Lage hat Pool, Sauna, Fitnesscenter. Ab 40 Euro ein sehr guter Gegenwert fürs Geld. *75 Zi. | Tel. 038 42 00 03 | www.augustsuites.com | €–€€*

DUSIT D2 BARAQUDA

Das Designhotel ist mit seiner coolen Eleganz das hippste Haus in Pattaya. Es bietet ein Spa, einen Pool und einen Fitnessraum. Vom ☙ Restaurant im siebten Stock bietet sich ein toller Blick auf Pattaya und die Bucht. *72 Zi. | Pattaya 2nd Road | Tel. 038 76 99 99 | www.dusit.com/d2pa | €€€*

SEA LODGE

Das Bungalowresort in einer schönen Gartenanlage mit Pool hat zweckmäßig eingerichtete Zimmer mit TV und Minibar. In 600 m Entfernung liegt der kleine Wong Amat Beach. *78 Zi. | 170 Naklua Road, Soi Chavant Thamron | Tel. 038 42 51 28 | www.pattayafans.de/sealodge.htm | €*

THAI GARDEN RESORT

Renommiertes, kinderfreundliches Haus (Spielplatz, Kindermenüs) mit großem Poolbereich und komfortablen Zimmern sowie Kuchen und Brot aus eigener Bäckerei. Im *Moon River Pub* täglich Livemusik. Fünf Taximinuten zum Wong Amat Beach. *227 Zi. | 179 North Pattaya Road | Tel. 038 37 06 14 | www.thaigarden.com | €€€*

AUSKUNFT

TOURISM AUTHORITY OF THAILAND

Pratamnak Road | Richtung Jomtien Beach | Tel. 038 42 76 67

ZIELE IN DER UMGEBUNG

CHANTABURI ⭐ (135 E3) (𝄐 F10)

Die Provinzhauptstadt (90 000 Ew.) 170 km südöstlich von Pattaya ist berühmt für ihre Saphire und Rubine. Zwar sind viele Minen ausgebeutet und geschlossen, aber auf einer Tour können Sie immer noch Edelsteinschleifern bei der Arbeit zuschauen. Obwohl viele Steine heute aus Kambodscha kommen, ist Chantaburi ein Zentrum des thailändischen Edelsteinhandels geblieben. Ein großer Edelsteinmarkt befindet sich mitten in der Stadt. Sehenswert ist auch die Kathedrale Notre-Dame im französischen

40 www.marcopolo.de/thailand

OSTKÜSTE

Kunststück mit Feingefühl im Pattaya Elephant Village

Stil. Ende des 19. Jhs. emigrierten vietnamesische Christen nach Chantaburi und brachten den kolonialen Baustil mit, den Sie noch an vielen Häusern sehen können. Auf einer Tagestour wird meist ein Zwischenstopp im Bergkloster *Wat Kao Sukim* und am Wasserfall im *Pliew-Nationalpark* eingelegt. *Tour ab Pattaya inkl. Mittagessen ca. 1600 Baht*

ELEFANTENDORF (PATTAYA ELEPHANT VILLAGE) (134 C3) (*D10*)

Hier zeigen die gelehrigen Dickhäuter ihre Kunststücke. Nach der Show kann man sich auf ihrem Rücken durchs Gelände schaukeln lassen. *Show tgl. 14.30–16 Uhr | Eintritt 650 Baht, 1 Std. Elefantentrekking 1200 Baht | Tambon Non Prue | 7 km östlich von Pattaya | Tel. 038 24 98 53 | www.elephant-village-pattaya.com.*

KO LARN (134 C3) (*D10*)

Das nur 4 km² große Eiland liegt knapp 8 km vor Pattaya und ist die beliebteste Ausflugsinsel. Hier finden Sie weiße Sandstrände und sauberes Wasser, aber auch ziemlich viel Rummel. Eine Inseltour mit Ausflugsbooten bietet jedes Reisebüro an (ca. 600 Baht). Gecharterte Speedboote flitzen für ca. 1500–2500 Baht rüber. Die reguläre INSIDER TIPP **Fähre vom Bali-Hai-Pier** in Südpattaya kostet nur 30 Baht.

KO SAMET (135 D3) (*E10*)

Die knapp 20 km² große Insel liegt 80 km südöstlich von Pattaya in der benachbarten Provinz Rayong. Mit ihren schönen Sandstränden lockt sie an den Wochenenden massenhaft Besucher aus der Hauptstadt Bangkok an. Hier gibt es viele Bungalowanlagen, doch nur wenige Topresorts haben sich angesiedelt. Die Insel ist ein Nationalpark, Ausländer müssen deshalb 200 Baht Eintritt bezahlen. *Tagestouren ab Pattaya ca. 1100 Baht | Minibusse fahren für ca. 250 Baht zum Fischerdorf Ban Phe | Fähren 100 Baht (Überfahrt ca. 30 Min.)*

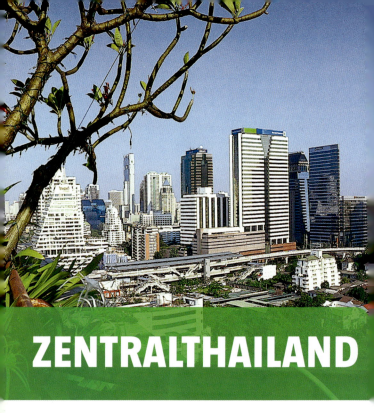

ZENTRALTHAILAND

Das Wasser des Chao Phraya und seiner Nebenflüsse macht die Ebene nördlich von Bangkok zur wichtigsten Reiskammer des Landes. Bis zum Horizont ziehen sich die Felder, auf denen zu Beginn der Regenzeit saftig grün der junge Reis sprießt.

In Sukhothai, wo geografisch schon der Norden beginnt, schlug 1238 mit der Gründung der ersten Hauptstadt die Geburtsstunde der Nation. Wenn Sie im Geschichtspark an einem taufeuchten Morgen sehen, wie die aufgehende Sonne Buddhastatuen und Säulen, Chedis und Prangs mit zartem Glanz überzieht, können Sie erahnen, warum Sukhothai die „Morgendämmerung des Glücks" genannt wurde. Aber dieses Glück war nicht von Dauer, das alte Sukhothai ist heute nur noch ein Ruinenfeld, steinernes Zeugnis einer großen Vergangenheit. Auch Ayutthaya, die zweite Königsstadt, musste die Wahrheit der Lehre Buddhas erfahren: „Nichts ist von Bestand auf dieser Erde." Doch während Sukhothai verlassen wurde und zerfiel, wurde Ayutthaya von den Burmesen zerstört. Und hier regte sich bald wieder Leben – heute liegt das historische Ayutthaya mitten in einer geschäftigen Provinzstadt.

Die heutige Hauptstadt Bangkok ist eine Weltmetropole. Aber nur eine gute Stunde westlich, in der Provinz Kanchanaburi, erwartet Sie eine völlig andere Szenerie: Nach einer Fahrt vorbei an Zuckerrohrplantagen, Tapiokafeldern und Ödland erheben sich dschungelbedeckte Hügelketten und Berge. Nahe der Grenze zu

Bild: Bangkok

Alte Königsstädte und eine Weltmetropole: Von der Wiege Siams über Bangkok in das wilde Grenzland beim Drei-Pagoden-Pass

Myanmar ist das Land rau, wild und nur spärlich besiedelt. Dennoch können Sie auch hier ein Kapitel Geschichte aufschlagen: Die weltberühmte Brücke am Kwai und die „Todeseisenbahn" erinnern an den Zweiten Weltkrieg.

AYUTTHAYA

(131 D5) *(𝒩 D8)* **Die Flüsse Chao Phraya, Pasak und Lopburi umfließen das historische Zentrum der 40 000-Einwohner-Stadt ★ Ayutthaya. So liegen die wichtigen Sehenswürdigkeiten auf einer Insel von etwa 3 km Länge und 1,5 km Breite.**

Das historische Zentrum ist gespickt mit Ruinen von Tempeln und Palästen, deren Säulen und Türme noch immer die Skyline bestimmen. Ayutthaya liegt nur 76 km nördlich von Bangkok. Die Verbindungen ab Bangkok mit dem Bus (halbstündlich, Nördlicher Busbahnhof, Pahonyothin Road, Skytrain/U-Bahn: Station Mo Chit), der Bahn (stündlich) und Aus-

AYUTTHAYA

flugsbooten wie der *Oriental Queen* oder der *Ayutthaya Princess* sind sehr gut. Organisierte Bustouren kosten ca. 1200 Baht. Reisebüros in Bangkok bieten auch kombinierte Bus-/Schiffstouren an (ca. 2500 Baht). Es gibt keine öffentlichen Fähren zwischen Bangkok und Ayutthaya.

Tief verwurzelt: Buddhakopf im Wat Mahatat in Ayutthaya

SEHENSWERTES

ANCIENT PALACE
Am Rand der nordwestlichen Stadtmauer residierten die Könige. Wie in Bangkoks Großem Palast erhebt sich auf dem Palastgelände ebenfalls ein königlicher Tempel *(Wat Phra Si Sanphet)*, dessen drei restaurierte, mächtige Chedis ein Wahrzeichen Ayutthayas sind. *Tgl. 8.30–16.30 Uhr | Eintritt 30 Baht*

AYUTTHAYA HISTORICAL STUDY CENTER
Die ganze Geschichte der Stadt, das Leben ihrer Könige und Untertanen wird hier sehr einprägsam dargestellt. *Tgl. 9–16.30 Uhr | Eintritt 100 Baht | Rotchana Road | südlich vom Phraram-Park*

CHANKASEM PALACE
Auch diesen Palast zerstörten die Burmesen, aber unter König Mongkut wurde er im 19. Jh. restauriert. Ausgestellt sind verschiedene Objekte aus königlichem Besitz. Beim Palast steht der vierstöckige Turm ☘ *Phisai Sanyalak*. Von hier aus betrachtete der Monarch, ein begeisterter Hobbyastronom, die Sterne. *Mi–So 9–12, 13–16 Uhr | Eintritt 30 Baht*

CHAO-SAM-PHRAYA-NATIONALMUSEUM
Es dreht sich auch hier alles um die alte Residenz, doch die Präsentation im benachbarten Study Center ist besser aufbereitet. *Mi–So 9–16 Uhr | Eintritt 30 Baht | www.nationalmuseums.finearts.go.th*

WAT MAHATAT ☘
Am östlichen Rand des im alten Stadtkern gelegenen Phraram-Parks beeindruckt diese Tempelanlage *(tgl. 8–16.30 Uhr | Eintritt 30 Baht)* durch ihre enormen Ausmaße. Achten Sie beim Gang entlang der Tempelummauerung auf einen mächtigen Banyanbaum, dessen Wurzelwerk einen abgeschlagenen Buddhakopf umschließt. ● Am Abend, wenn die ganze Anlage unter INSIDERTIPP▶ Flutlicht noch majestätischer wirkt, können Sie sie kostenlos besichtigen.

ESSEN & TRINKEN

An Imbissständen können Sie auf dem *Nachtmarkt* beim Chankasem-Palast

ZENTRALTHAILAND

speisen, schwimmende Restaurants finden Sie auf dem Pasak-Fluss bei der Pridi-Damron-Brücke.

ÜBERNACHTEN

AYOTHAYA HOTEL
Das Hotel im historischen Zentrum hat angenehme Zimmer (mit TV, Minibar) und einen Pool. *117 Zi. | Tessaban Road | Tel. 035 23 28 55 | www.ayothayahotel.com | €–€€*

KANTARY HOTEL
Das beste Haus am Platz bietet große Zimmer mit allem Komfort zu günstigen Preisen. Fitnesscenter, Pool und Sauna sind vorhanden. *193 Zi. | Rojana Road | Tel. 035 33 71 77 | www.kantarycollection.com | €€–€€€*

AUSKUNFT

TOURISM AUTHORITY OF THAILAND
Si Sanphet Road | beim Nationalmuseum | Tel. 035 24 60 76

ZIELE IN DER UMGEBUNG

BANG PA IN (131 D5) (*D8*)
Der königliche Sommerpalast mit dem zauberhaften Wasserpavillon *Aisawan Thippaya* im klassischen Thai-Stil liegt auf einer Flussinsel des Chao Phraya, 18 km südlich von Ayutthaya. Er ist ein „Pflichtstopp" bei organisierten Touren, doch für ca. 800 Baht können Sie in Ayutthaya am Pasak-Pier (nahe U-Thong-Hotel) auch selbst ein Motorboot chartern. Minibusse fahren vom Chao-Prom-Markt, sobald sich genügend Passagiere eingefunden haben. *Tgl. 8.30–15.30 Uhr | Eintritt 100 Baht*

BANG SAI (131 D5) (*D8*)
Weitere 15 km südlich von Bang Pa In liegt in einer Flussschleife nahe dem Dorf Bang Sai das *Royal Folk Arts and Crafts Center (tgl. 8–17 Uhr | Eintritt 100 Baht)*. Die Stücke, die dort gefertigt werden, können Sie an Ort und Stelle kaufen. Zum Angebot gehören z. B. Töpferwaren und Seidenstoffe, geflochtene Kör-

---

MARCO POLO HIGHLIGHTS

⭐ **Ayutthaya**
In der alten Königsstadt auf den Spuren des „Goldenen Zeitalters": Die Ruinen künden noch von alter Pracht und Größe → S. 43

⭐ **Großer Palast und Wat Phra Kaeo**
Majestätische Anlage im alten Bangkok: Bestaunen Sie eine Architektur wie aus einem orientalischen Märchen → S. 46

⭐ **Chatuchak Weekend Market**
Schnäppchenjagd auf einem Flohmarkt der Superlative in Bangkok: An 9000 Verkaufsständen gibt es hier einfach alles → S. 49

⭐ **Sangklaburi**
Auf Entdeckungstour zum Drei-Pagoden-Pass im wilden Grenzland → S. 53

⭐ **Todeseisenbahn**
Auf der berüchtigten Bahnstrecke von der weltberühmten Brücke am Kwai bis zur Endstation Nam Tok → S. 53

⭐ **Alt-Sukhothai**
Zeitreise in die Geburtsstunde der Nation: Sukhothai war die erste Thai-Hauptstadt. Heute erinnern würdevolle Ruinen an die „Morgendämmerung des Glücks" → S. 54

BANGKOK

be, Möbelstücke und Schnitzereien. Die Anfahrt ist möglich mit einem gecharterten Boot oder mit dem Minibus ab Ayutthaya bzw. Bang Pa In.

BANGKOK

KARTE IM HINTEREN UMSCHLAG
(131 D5–6) (⑽ D9) **Auch wenn sich im internationalen Sprachgebrauch „Bangkok" durchgesetzt hat, nennen die Thais ihre Kapitale (ca. 8 Mio. Ew.) bei ihrem schöneren Namen: Krung Thep, „Stadt der Engel".**

Am schnellsten, bequemsten und billigsten kommen Sie mit der Hochbahn *Skytrain* durch die Stadt (z. B. von der Sukhumvit Road zum Chatuchak Weekend Market in 15 Minuten für 40 Baht). Eine U-Bahn-Linie führt vom Hauptbahnhof über die Stationen Lumphini Park und Sukhumvit Road bis zum Chatuchak Weekend Market.

Ausführliche Informationen zur Hauptstadt finden Sie im MARCO POLO Reiseführer „Bangkok".

CITY WOHIN ZUERST?
Sanam Luang (U A3)
(⑽ a3): Die große Freifläche ist ein perfekter Startpunkt für die Erkundung des historischen Zentrums. Großer Palast, Wat Pho und Nationalmuseum sind nur ein paar Schritte entfernt, zum Altstadtviertel Banglamphoo mit der Travellermeile Khao San Road sind es nur fünf Gehminuten. Der Sanam Luang (Königlicher Platz) wird von den Buslinien 503, 508 und 511 angefahren. Die nächstgelegenen Metrostationen: U-Bahn Hua Lamphong, Skytrain National Stadium.

SEHENSWERTES

GROSSER PALAST UND WAT PHRA KAEO ⭐ (U A3–4) *(⑽ a3–4)*

Der Königspalast mit dem Tempel des Smaragdbuddhas ist die berühmteste Sehenswürdigkeit in ganz Thailand. Die Bauten hinter weiß getünchten Mauern, gekrönt von filigranen und goldglänzenden spitzen Türmchen, sind von märchenhafter Anmut. Dämonen und Fabelwesen bewachen die Anlage. Prächtige Wandmalereien künden vom einstigen Leben am Hof und vom Leben Buddhas. Der sogenannte Smaragdbuddha im Königlichen Tempel ist zwar aus Jade und nur 75 cm hoch, gilt aber als nationales Heiligtum. Zutritt haben Touristen nur in gepflegter Kleidung. Frauen sollten mindestens knielange Röcke und keine ärmellosen Blusen tragen, Männer keine kurzen Hosen. Selbst hinten offene Sandalen sind verpönt. Schuhe und Umhänge können ausgeliehen werden. *Tgl. 8.30–15.30 Uhr | Eintritt 400 Baht | Na Phralan Road*

Die Eintrittskarte berechtigt außerdem zum Besuch der *Königlichen Münz- und Dekorationensammlung (auf dem Palastgelände)* und des *Vimanmek Royal Palace (U C1) (⑽ c1) (beim Dusit Zoo)*, des größten Teakholzpalasts der Welt. *www.palaces.thai.net*

KLONG (U A–B 4–6) *(⑽ a–b 4–6)*

Im Stadtteil Thonburi werden auch heute noch Güter und Menschen auf *klong* (Kanälen) transportiert. Touren auf den Wasserwegen bietet jedes Reisebüro an. Sie können aber auch selbst ein Motorboot samt Steuermann chartern. Die Boote liegen am Chao-Phraya-Fluss (z. B. hinter dem Großen Palast), bei der Skytrain-Station Saphan Taksin oder beim Hotel Oriental. *Pro Stunde ca. 800 Baht (handeln!)*

46   www.marcopolo.de/thailand

ZENTRALTHAILAND

NATIONALMUSEUM ● (U A3) (📍 a3)
Das Museum vermittelt einen exzellenten Einblick in thailändische Geschichte, Kunst und Kultur. Die Artefakte reichen von prähistorischen Funden und prächtigen Elefantensesseln bis zu an-

WAT ARUN (U A4) (📍 a4)
Der „Tempel der Morgenröte" ist mit seinem 79 m hohen Prang, einem reich mit Porzellan und buntem Glas verzierten Turm, ein Wahrzeichen Bangkoks. *Tgl. 8–16.30 Uhr | Eintritt 50 Baht |*

Blumenschmuck und Räucherstäbchen: am Wat Phra Kaeo in Bangkok

tiken Waffen, Preziosen und den königlichen Beerdigungskutschen. *Mi–So 9–16 Uhr | Eintritt 50 Baht, deutschsprachige Führung (Mi, Do 9.30 Uhr) 200 Baht | Na Phra That Road | www. nationalmuseums.finearts.go.th, www. museumvolunteersbkk.net*

JIM THOMPSON HOUSE
(U D3) (📍 d3)
Der Amerikaner Jim Thompson baute nach dem Zweiten Weltkrieg die thailändische Seidenherstellung wieder auf. In seiner ehemaligen Residenz sind asiatische Kunstgegenstände und Antiquitäten von erlesener Schönheit zu sehen. *Tgl. 9–17 Uhr | Eintritt 100 Baht | Rama I Road, Soi Kasemsan 2 | www. jimthompsonhouse.com*

34 Arun Amarin Road | im Stadtteil Thonburi | ständig fahren Boote vom Thien-Pier nahe Wat Pho über den Fluss | www. watarun.net

WAT PHO (U A4) (📍 a4)
Bangkoks ältester Tempel liegt südlich vom Großen Palast und beherbergt einen 44 m langen, vergoldeten liegenden Buddha. Achten Sie auf die Perlmuttintarsien in den Fußsohlen. In der Massageschule des Klosters, der berühmtesten in Thailand, können Sie Kurse belegen und ● INSIDER TIPP sich massieren lassen – vom Kopf bis zu den müden Füßen (ab 250 Baht pro Stunde). *Tgl. 8–17 Uhr | Eintritt 100 Baht | Eingänge Chetuphun und Thai Wang Road | www. watpho.com*

47

BANGKOK

ESSEN & TRINKEN

INSIDER TIPP ▶ **BO.LAN** (0) (*0*)
Das Kochehepaar Bo und Dylan Jones kam von einem thailändischen Sterne-restaurant in London nach Bangkok. Das Restaurant serviert authentische, erst-klassige Thai-Küche mit raren Spezialitä-ten wie Bananenblütensalat. *42 Sukhumvit Road, Soi 26 | Tel. 02 2 60 29 62 | www.bolan.co.th | €€€*

CABBAGES & CONDOMS (U F4) (*f4*)
Köstliche Thai-Gerichte werden hier ser-viert, unter freiem Himmel in einem Gar-ten voller Lichterketten oder im klimati-sierten Restaurant. Blickfang sind große Phantasiefiguren, von Kopf bis Fuß mit farbigen Kondomen verziert. Und auch zur Rechnung gibt's ein Kondom. Das Lo-kal gehört einer Organisation, die sich für Geburtenkontrolle und Aidspräven-tion einsetzt. *10 Sukhumvit Road, Soi 12 | Tel. 02 2 29 46 10 | www.pda.or.th/restaurant | €–€€*

INSIDER TIPP ▶ **THE DECK** (U A4) (*a4*)
Nur ein paar Gehminuten entfernt vom Großen Palast und doch abseits der Tou-ristenströme gelegen. Gaumenfreuden wie Kürbiscremesuppe, gegrillte Enten-brust oder Pilzrisotto schmecken am besten auf der Terrasse mit Blick auf den Fluss und den Tempel Wat Arun. *Hotel Arun Residence | 36–38 Maharat Road, Soi Pratu Nokyung | Gasse hinter dem Wat Pho | Tel. 02 2 2 19 15 8 | www.arunresidence.com | €€*

SIROCCO ● (U C6) (*c6*)
Hier dinieren Sie westlich-mediterran im höchstgelegenen Open-Air-Restau-rant der Welt (220 m) – ein kulinarischer wie optischer Gipfel. Und für den Cocktail im Himmel begibt man sich an die *Sky Bar*. *State Tower | 1055 Silom Road | Tel. 02 6 24 95 55 | www.lebua.com/sirocco | €€€*

LOW BUDGET

▶ Billig durch Bangkok: Per Skytrain (BTS) und U-Bahn (MRTA) flitzen Sie klimatisiert durch die Stadt. Mit dem *Day Pass* können Sie einen Tag lang unbegrenzt fahren – für je 120 Baht.

▶ Der Geschichtspark von *Alt-Suk-hothai* misst 70 km² – eine ziemlich lange Wanderung. Gut, Sie können eine Motorradriksha für die Tour zu den Tempelruinen mieten. Aber billi-ger und leiser kommen Sie mit dem Fahrrad voran. Das gibt es in vielen Gästehäusern und am Parkeingang (ab 30 Baht pro Tag).

▶ In Bangkok pilgern die meis-ten Traveller in die Gästehäuser der *Khao San Road* (U A–B3) (*a–b3*). Doch selbst an der teuren *Sukhum-vit Road* kommt man günstig un-ter: Das *Suk 11 Hostel* (U F4) (*f4*) (1/33 Sukhumvit Road, Soi 11 | Tel. 02 2 53 59 27 | www.suk11.com) offeriert ein Bett schon ab 500 Baht.

EINKAUFEN

Die Haupteinkaufsstraßen sind *Suk-humvit Road* (U F4–5) (*f4–5*), *Si-lom Road* (U C–D 5–6) (*c–d 5–6*), *Rama I* (U D–E4) (*d–e4*) und *Ploen-chit* (U E4) (*e4*). Dort finden Sie Kauf-häuser, Shoppingcenter, Läden und Stra-ßenhändler.
Das Stadtviertel Chinatown ist ein einzi-ges Shoppingcenter – in erster Linie für die Einheimischen.

ZENTRALTHAILAND

Gigantisch und umwerfend elegant: das Shoppingcenter Siam Paragon

CHATUCHAK WEEKEND MARKET ★
(O) (*m* 0)

Er ist der größte Flohmarkt der Welt – und wenn Sie alle 9000 Stände und Läden auf dem Gelände gesehen haben, glauben Sie das gern. Falls Sie nicht gerade einen Flugzeugträger suchen, werden Sie garantiert fündig. Ob Gitarre oder Gürtel, T-Shirt oder Teekanne: Auf dem Chatuchak Weekend Market gibt es einfach alles. Ein Paradies zum Stöbern, vor allem für die Einheimischen. *Sa, So 7–18 Uhr | Phahonyothin Road | bei der Skytrain-Station Mo Chit, U-Bahn Chatuchak | www.chatuchak.org*

SIAM PARAGON ● (U D4) (*m* d4)

Im ultraschicken Shoppingcenter bekommen Sie alles von der Aktentasche über den Maserati bis zur Zahnbürste. Das Angebot ist einfach umwerfend – und die edle Präsentation auch. Das Siam Paragon wartet außerdem mit einem riesigen Aquarium und zig Restaurants auf. *991 Rama I Road | bei der Skytrain-Station | www.siamparagon.co.th*

INSIDER TIPP SIAM SQUARE
(U D4) (*m* d4)

Ein Gewirr von Gassen mit Hunderten von Shops: Kleidung, Schuhe oder Accessoires gibt es hier auf Schritt und Tritt. Auch viele junge thailändische Designer bieten ihre neuesten Kreationen an. Sehr beliebt ist die schicke Mode zu Schnäppchenpreisen bei Studenten der nahen Uni. Da nur wenige Touristen hier einkaufen, sind Übergrößen allerdings rar. *Rama I Road | gegenüber dem Shoppingcenter Siam Paragon*

AM ABEND

CALYPSO CABARET ● (O) (*m* 0)

Temporeiche, unterhaltsame Travestieshow mit prächtigen Kostümen, perfekt inszeniert vom deutschen Schauspieler Hans Hoenicke. *Tgl. 20.15 und 21.45 Uhr | 1200 Baht inkl. Drink (günstigere Onlinebuchung 900 Baht) | Hotel Asiatique The Riverfront (Gebäude 3) | 2194 Charoenkrung Road | Tel. 02 6 88 14 15 | www.calypsocabaret.com*

BANGKOK

LED (0) (📍 0)
Eine Megadisko mit ultimativem Light-Sound-System. Hier mixen Top-DJs aus aller Welt. *Tgl. 21–2 Uhr | Royal City Av. | Block A | Mobiltel. 08 68 60 08 08*

Q BAR (U F4) (📍 f4)
Angesagte Bar mit armlanger Cocktailliste, Lounge und offener Terrasse. Internationale DJs und Themenpartys sorgen für das passende Unterhaltungsprogramm. Hier trifft sich Bangkoks gestylte Nightlifescene. Mit Badelatschen kommt niemand rein. *Tgl. 20–1 Uhr | 34 Sukhumvit Road, Soi 11 | am Ende der Str. | www.qbarbangkok.com*

SIAM NIRAMIT (0) (📍 0)
In dem riesigen Showkomplex wird thailändische Kunst und Kultur in einem Kostümspektakel mit 150 Akteuren zelebriert. *Tgl. 18–22 Uhr, Show ab 20 Uhr | Eintritt 1500 Baht | 19 Tiam Ruammit Road | Shuttlebus ab U-Bahn-Station Thailand Cultural Center | Tel. 02 6 49 92 22 | www.siamniramit.com*

ÜBERNACHTEN

ATLANTA HOTEL (U F4) (📍 f4)
Travellerherberge mit „null Toleranz" gegenüber Sextouristen und Drogen. Die Zimmer mit Aircondition oder Ventilator sind einfach, geräumig und sauber. Kleiner Garten mit Pool. *49 Zi. | 78 Sukhumvit Road, Soi 2 | Tel. 02 2 52 60 69 | www.theatlantahotelbangkok.com | €*

BAIYOKE SKY HOTEL (U E3) (📍 e3)
Das höchste Hotel Thailands (309 m, 88 Stockwerke). Es liegt beim Pratunam-Markt und hat geräumige, komfortable Zimmer. *660 Zi. | 222 Ratchaphrarop Road | Tel. 02 6 56 30 00 | www.baiyokehotel.com | €€€*

CITADINES SUKHUMVIT 11 (U F4) (📍 f4)
Am ruhigen hinteren Ende der Soi 11 wohnen Sie in modernen, klimatisierten Zimmern mit Kochnische. Der Pool ist winzig, das Fitnessstudio klein, aber der Gegenwert fürs Geld sehr gut. *127 Zi. |*

Nicht filmreif, aber weltberühmt: die Brücke über den Kwai in Kanchanaburi

ZENTRALTHAILAND

22/22 Sukhumvit Road, Soi 11 | Tel. 02 2 64 67 77 | www.citadines.com | €€

INSIDER TIPP ▶ VIE HOTEL (U D4) (◻ d4)
Das schnieke Designhotel nahe dem Siam Center ist ein 26 Stockwerke hohes architektonisches Gesamtkunstwerk. Im Fitnesscenter können Sie Yoga, Tai-Chi und Thaiboxen üben. *154 Zi. | 117 Phaya Thai Road | Tel. 02 3 09 39 39 | www.viehotelbangkok.com | €€€*

VIENGTAI HOTEL (U A3) (◻ a3)
Das im Travellerzentrum Banglamphoo gelegene Haus hält gemütliche Zimmer bereit und verfügt über einen kleinen Pool. *200 Zi. | 42 Tani Road | Tel. 02 2 80 54 34 | www.viengtai.co.th | €–€€*

AUSKUNFT

TOURISM AUTHORITY OF THAILAND
Filiale I (U F3) (◻ f3) *(1600 New Petchaburi Road | Tel. 02 2 50 55 00)*
Filiale II (U B3) (◻ b3) *(4 Ratchadamnoen Nok Road | Tel. 02 2 82 97 73)*

Flughafen (0) (◻ 0) *(Suvarnabhumi Airport | Ankunftshalle)*
www.tourismthailand.org

KANCHANA-BURI

(130 C5) (◻ C9) **Die beschauliche, 130 km westlich von Bangkok gelegene Provinzhauptstadt Kanchanaburi (50 000 Ew.) hat Besuchern an sich nicht viel zu bieten. Trotzdem lockt sie ausländische Gäste in Scharen an.**

Der Grund ist ein weltberühmtes Bauwerk: die Brücke am Kwai. Die Allerweltskonstruktion aus Eisen und Beton hat freilich mit der Holz- und Bambusbrücke des Filmklassikers nichts zu tun, sie wurde in der jetzigen Form erst nach dem Zweiten Weltkrieg gebaut. Zudem wurde der Welterfolg nicht am Kwai gedreht, sondern auf Sri Lanka.
Von Bangkoks Southern Bus Terminal fahren den ganzen Tag über Busse nach Kanchanaburi (Dauer ca. 2 Std.). Eine Stunde länger braucht der Zug (tgl. 7.45 und 13.50 Uhr) ab Bangkok Noi Railway Station (Stadtteil Thonburi). Organisierte Touren bietet jedes Reisebüro an.

SEHENSWERTES

BRÜCKE AM KWAI
Sie liegt 6 km westlich des Stadtzentrums. Öffentliche Pickups fahren für 10 Baht pro Person zur Brücke, Motorradtaxis für ca. 30 Baht. Züge aus Bangkok halten auf der Weiterfahrt zur Endstation Nam Tok kurz an der Brücke.

JEATH WAR MUSEUM
Beim *Wat Chaichumphon* in der Stadt haben Mönche dieses kleine Museum in einem Nachbau der einstigen Gefange-

51

KANCHANABURI

nenunterkünfte eingerichtet. *Tgl. 8.30–18 Uhr | Eintritt 30 Baht | Pak Phreak Road*

KRIEGSFRIEDHÖFE
Auf dem *Kanchanaburi War Cemetery* zwischen der Stadt und der 6 km entfernt gelegenen Brücke sind 6982 alliierte Kriegsgefangene bestattet. Am Ufer des Kwai, 2 km südlich der Provinzhauptstadt, befinden sich weitere 1750 Gräber auf dem *Chung Kai War Cemetery*. Boote dorthin können Sie direkt an der Brücke chartern. Bei der Tour ist auch ein Zwischenstopp am Kloster *Tham Khao Poon* und an den dortigen Tropfsteinhöhlen möglich.

INSIDER TIPP THAILAND-BURMA RAILWAY CENTRE
Dieses private Museum bereitet mit wissenschaftlicher Akribie die Geschichte der „Todeseisenbahn" auf. Schautafeln und Funde vermitteln ein eindrucksvolles Bild von den Strapazen, unter denen Kriegsgefangene die Bahnstrecke durch den Dschungel schlagen mussten. *Tgl. 9–17 Uhr | Eintritt 120 Baht | 73 Jaokannun Road | www.tbrconline.com*

WORLD WAR II MUSEUM
Das wilde Sammelsurium reicht von plastisch-drastischen Darstellungen des Eisenbahnbaus über eine Bildergalerie ehemaliger Thai-Schönheitsköniginnen bis zu prähistorischen Ausgrabungsfunden. *Tgl. 9–18 Uhr | Eintritt 30 Baht | Mae Nam Kwae Road | ca. 30 m von der Brücke am Kwai entfernt*

ESSEN & TRINKEN

FLOATING RESTAURANT
Gute Thai-Küche und eine stimmungsvolle Atmosphäre genießen Sie hier auf einem Floß oberhalb der Brücke. *Tel. 034 5128 42 | €*

KEEREE TARA RESTAURANT
Die Thaiküche ist authentisch, das Ambiente gehoben. Spezialität des Hauses ist scharf gewürzter Schlangenkopffisch. *Ca. 100 m oberhalb der Brücke, gegenüber Felix Resort | Mobiltel. 08 74 15 81 11 | www.keereetara.com | €–€€*

ÜBERNACHTEN

Für einen Aufenthalt am Wochenende sollten Sie vorbuchen. Viele der Resorthotels und Floßunterkünfte sind auf Pauschaltouristen eingestellt.

INSIDER TIPP BAMBOO HOUSE
Die 300 m unterhalb der Brücke vertäuten Hausflöße sind idyllisch, aber spartanisch eingerichtet. Außerdem werden Zimmer mit Ventilator oder Aircondition vermietet. Schöner Garten. *17 Zi. | Soi Vietnam | Tel. 034 62 44 70 | www.bamboohouse.host.sk | €*

FELIX RIVER KWAI RESORT
Hier erwartet Sie Luxus direkt am Fluss – mit zwei Pools sowie Sauna, Fitnesscenter, Tennisplatz. Das Resort liegt 100 m oberhalb der Brücke. *255 Zi. | Tel. 034 55 10 00 | www.felixhotels.com | €€€*

RIVER KWAI HOTEL
Gute Mittelklasse im Stadtzentrum, mit Pool. Wochentags sind mit Rabatt preiswerte Zimmer erhältlich. *161 Zi. | 284 Sangchuto Road | Tel. 034 51 33 48 | www.riverkwai.co.th | €€*

AUSKUNFT

R. S. P. JUMBO TRAVEL CENTER
Dieses Reisebüro organisiert auch ausgefallene Touren (z. B. Dschungeltrekking) und Mietwagen zum Drei-Pagoden-Pass. Miss Chatupornpaisan („Jumbo") berät kompetent auf Englisch. *3/13 Chao Khun*

ZENTRALTHAILAND

Am berühmten Drei-Pagoden-Pass unmittelbar an der Grenze zu Myanmar

Nen Road | hinter dem War Cemetery | Tel. 034 51 49 06 | www.jumboriverkwai.com

TOURISM AUTHORITY OF THAILAND
Hier bekommen Sie Informationen über die gesamte Provinz. *Saeng Chuto Road | Tel. 034 51 49 06*

ZIELE IN DER UMGEBUNG

SANGKLABURI ★ (130 A3) (*B7*)
Sangklaburi (15 000 Ew.), der letzte Ort vor der Grenze zu Myanmar, liegt 230 km nordwestlich von Kanchanaburi am Stausee *Khao Laem*, aus dem die Tempelspitze des gefluteten alten Sangklaburi ragt. Wohnen kann man in Gästehäusern wie dem *P. Guesthouse (34 Zi. | Si Suwan Khiri Road | Tel. 034 59 50 61 | €)* oder im besten Haus am Platz, sogar mit Pool, dem *Samprasob Resort (47 Zi. | 122 Nongloo | Tel. 034 59 50 50 | www.samprasob.com | €–€€)*. Sehenswert ist die einzigartige Tempelanlage INSIDER TIPP *Wat Wang Wiwekaram*, die indischen, burmesischen und thailändischen Baustil kombiniert. Die längste Holzbrücke des Landes überspannt einen 200 m breiten Ausläufer des Sees hinüber zum Mon-Dorf *Waeng Khan*.

Auf der thailändischen Seite des berühmten, 30 km entfernten *Three Pagoda Pass (Drei-Pagoden-Pass)* an der Grenze stehen drei verwitterte Chedis in kargem Bergland. Auf der anderen Seite der Grenze, in Myanmar, kämpfen immer wieder Rebellen gegen Regierungstruppen. Wenn die Lage ruhig ist, dürfen Touristen die Grenze passieren, den Marktflecken *Payathonzu* aber nicht verlassen. Erkundigen Sie sich im *Immigration Office (Sangklaburi | beim Phornpalin Hotel)* nach den aktuellen Bestimmungen.

TODESEISENBAHN ★
(130 B–C5) (*B–C 8–9*)
Der Bau der Bahnlinie von Kanchanaburi nach Myanmar kostete 16 000 westliche Kriegsgefangene der Japaner und mehrere Zehntausend asiatische Zwangsarbeiter das Leben. Der landschaftlich spektakuläre Teil der Strecke beginnt erst hinter der Brücke am Kwai. Hoch über dem Fluss geht es haarscharf

SUKHOTHAI

vorbei an schroffen Felswänden und im Schritttempo über ein ächzendes Balkenviadukt beim Dorf *Wang Po*. Der letzte Haltepunkt *Nam Tok (70 km von der Brücke entfernt | Züge tgl. ab Brücke um 10.55 und 16.26 Uhr | Mo–Fr außer feiertags auch 6.05 Uhr)* ist ein verschlafenes Nest.

Wenn Sie nicht zurückfahren wollen, können Sie mit dem Bus über den *Sai-Yok-Nationalpark* nach Sangklaburi fahren.

Wat Mahatat in Sukhothai:
Buddha blickt nach Osten

SUKHOTHAI

(127 D6) (*C5*) Sukhothai, das ist neben der modernen Neustadt vor allem die alte Hauptstadt des gleichnamigen Königreichs, heute ein Geschichtspark. Die fast 200 Ruinen verteilen sich über eine Fläche von 70 km².

Der Park liegt 12 km von Neu-Sukhotai entfernt. Die heutige Provinzhauptstadt (37 000 Ew.) 427 km nördlich von Bangkok wird mehrmals täglich mit Bussen ab Northern Bus Terminal angefahren. Die nächste Bahnstation ist Phitsanulok, von dort sind es noch 50 km nach Sukhothai. Bangkok Airways legt auf dem Flug von Bangkok nach Chiang Mai einen Stopp in der alten Residenzstadt ein.

Das Zentrum der historischen Thai-Hauptstadt mit 35 mehr oder weniger gut erhaltenen Monumenten misst immerhin 6 km². Die Ruinen sind nicht von der monumentalen Wucht wie die Ayutthayas – und schon gar nicht mit dem kolossalen Angkor Wat in Kambodscha zu vergleichen. Auch wenn die Sukhothai-Könige Stilelemente der Khmer-Architektur übernahmen, wollten sie vom Gottkönigtum der alten Herrscher nichts wissen. Ihre Bauten entsprachen eher einer dem Buddhismus gemäßen Schlichtheit und Leichtigkeit.

SEHENSWERTES

ALT-SUKHOTHAI ★

Das bedeutendste und größte Bauwerk ist *Wat Mahatat* mit einem beherrschenden Chedi auf einem Reliefsockel, Säulenreihen und vielen Buddhastatuen, die teilweise restauriert wurden. Ganz in der Nähe befinden sich die drei Prangs des *Wat Si Sawai*. Am Rand des einst ummauerten Stadtkerns erhebt sich auf einer Insel in einem künstlichen Teich der Chedi des *Wat Phra Phai Luang*. Die mit 11 m höchste Buddhastatue sitzt hinter den hohen Mauern und hölzernen Flügeltoren des *Wat Si Chum* gleich nebenan.

Die Tempel im Zentrum des Parks können Sie gut zu Fuß erkunden. Zu den Ruinen weiter außerhalb können Sie fahren (mit dem Fahrrad) oder sich fahren

ZENTRALTHAILAND

lassen (mit dem Taxi). *Eintritt 40 Baht während der offiziellen Öffnungszeit (6–18 Uhr), sonst frei, vor größeren Tempeln außerhalb des Zentrums sind erneut 30–40 Baht zu entrichten | www.su.ac.th/sukhothai*

RAMKHAMHAENG-NATIONALMUSEUM

Die Sammlung enthält viele Buddhafiguren und andere Exponate aus der Sukhothai-Periode. Die wertvollsten Stücke sind nur als Repliken ausgestellt, die Originale sind im Nationalmuseum in Bangkok zu sehen. *Tgl. 9–16 Uhr | Eintritt 30 Baht | am Parkeingang | www.nationalmuseums.finearts.go.th*

ESSEN & TRINKEN

Schmackhafte Gerichte finden Sie auf dem *Nachtmarkt (Ramkhamhaeng Road)* in Neu-Sukhothai. An der Straße zwischen Neu-Sukhothai und dem Geschichtspark liegen mehrere einfache Restaurants. Direkt am Parkeingang servieren Imbissstände Snacks.

ÜBERNACHTEN

THE LEGENDHA SUKHOTHAI

Viel Holz und klassische Thai-Bauweise prägen dieses feine Resort, das ca. 1 km vor dem Eingang zum Geschichtspark liegt. Es verfügt über Zimmer mit allem Komfort und einen Pool. *64 Zi. | 214 Charot Withi Thong Road | Tel. 055 69 72 49 | www.legendhasukhothai.com | €€*

LOTUS VILLAGE

Der Franzose Michel, ehemals Kulturattaché in Bangkok, und seine Frau Tan betreiben dieses beliebte Holzhäuserresort am Rand des kleinen Zentrums von Neu-Sukhothai. Die einfachen, sauberen Zimmer sind teils mit Aircondition und Kühl-

schrank ausgestattet. Michel verleiht auch Fahrräder und vermittelt Touren. *25 Zi. | 170 Ratchathanee Road | Tel. 055 62 14 84 | www.lotus-village.com | €*

`INSIDER TIPP` RUEAN THAI HOTEL

Das ehemalige Gästehaus nennt sich jetzt Hotel, ist aber eine stilvolle, kleine Herberge mit viel Charme geblieben – mit gemütlichen Zimmern (Aircondition) in einem zweistöckigen Gebäude, das einen Pool umschließt. *32 Zi. | 181/20 Charot Withi Thong Road, Soi Pracharuammit | Tel. 055 61 24 44 | www.rueanthaihotel.com | €–€€*

AUSKUNFT

TOURISM AUTHORITY OF THAILAND
130 Charot Withi Thong Road | Tel. 055 616228

ZIEL IN DER UMGEBUNG

SI SATCHANALAI (127 D5) (*M C5*)

55 km nördlich von Neu-Sukhothai liegt ein weiterer Geschichtspark mit Tempelruinen aus der Sukhothai-Periode. Das Gelände ist nicht so weitläufig wie das von Sukhothai, aber auch hier künden zahlreiche Ruinen von der einstigen Größe dieser Residenzstadt, die ebenfalls zum Unesco-Welterbe gehört. Si Satchanalai wird nur von wenigen Touristen besucht, aber gerade diese Abgeschiedenheit macht den Park reizvoll für Geschichtsinteressierte, die auch die Ruhe schätzen. Ein Wagen mit Fahrer für die Tour kostet ca. 1000 Baht. Auf dem Weg nach Si Satchanalai, im Dorf *Sawankhalok,* liegt das *Sawanworanayok-Nationalmuseum (Mi–So 9–16 Uhr | Eintritt 30 Baht | www.nationalmuseums.finearts.go.th)* mit Buddhastatuen und Keramik aus der Sukhothai-Zeit. *www.su.ac.th/sukhothai*

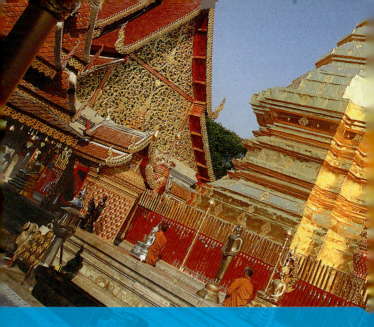

DER NORDEN

Jenseits der Strände ist der Norden das beliebteste Reiseziel im Königreich, auch für die Thais. Sie finden hier oben in den Bergen mit bis zu 2565 m hohen Gipfeln willkommene Abkühlung.

Dies gilt allerdings nur für die Wintermonate, denn in der heißen Zeit im März/April können die Temperaturen in den Tälern und Städten bis auf 40 Grad klettern. Ausländische Touristen fasziniert besonders die ethnologische Vielfalt in dieser Region.

CHIANG MAI

(126 C3) (*B3*) **Chiang Mai, die mit 170 000 Ew. größte Stadt der Region, liegt im weiten, fruchtbaren Tal des** Ping-Flusses. 1296 gegründet, war sie die Hauptstadt des unabhängigen Königreichs Lanna, das bis 1558 bestand.

Die touristische Infrastruktur sowie die Verbindungen ins 700 km entfernte Bangkok per Flugzeug, Bahn und Bus sind ausgezeichnet.

SEHENSWERTES

ALTSTADT ★

Hinter dem Wassergraben und der teilweise erhaltenen Ziegelsteinmauer hat die Altstadt einiges von ihrem Charme bewahrt. Bei einem Spaziergang kommen Sie alle paar Minuten an anmutigen Tempeln vorbei.

Der einst 86 m hohe Chedi des *Wat Chedi Luang (Phrappoklao Road)* wurde zwar

Bild: Wat Phra That Doi Suthep nahe Chiang Mai

Abenteuer und Kultur: Spaziergang durch die Tempelstadt Chiang Mai und Entdeckungen im Land der Bergvölker

WOHIN ZUERST?
Tapae Gate: Durch dieses Tor gelangen Sie auf der Ratchadamnoen Road direkt in das historische Chiang Mai. In entgegengesetzter Richtung führt die Tapae Road ins kommerzielle Stadtzentrum. Beide Gegenden kann man bequem zu Fuß erkunden. Falls Sie nicht im Zentrum wohnen, lassen Sie sich per Tuk-Tuk dorthin chauffieren.

bei einem Erdbeben im Jahr 1545 zum Teil zerstört, wirkt aber mit seinen restaurierten 42 m Höhe immer noch erhaben. Wegen seiner exquisiten Schnitzereien, Wandgemälde und Elefantenskulpturen am Fuß des Chedis ist auch das *Wat Chiang Man (Ratchapakinat Road)*, gebaut im Gründungsjahr der Stadt, absolut sehenswert. Anschauen sollten Sie sich auch *Wat Phra Sing (Sam Lan/Sigharat Road)* mit seinem einzigartigen Bibliotheksgebäude, das ein Meisterwerk der Holzbaukunst ist.

CHIANG MAI

NATIONALMUSEUM
In der Ausstellung werden zahlreiche Buddhastatuen sowie Kunsthandwerk und Gebrauchsgegenstände gezeigt. *Mi–So 9–16 Uhr | Eintritt 30 Baht | Superhighway, 3 km nordwestlich der Altstadt | www.nationalmuseums.finearts.go.th*

Papierschirmmaler in Bor Sang

ESSEN & TRINKEN

Imbissstände gibt es sowohl im *Galare Food Center* (abends Folkloretänze) gegenüber dem Nachtmarkt als auch auf dem *Anusarn-Markt* 300 m weiter südlich.

ANTIQUE HOUSE
Gute Thai-Küche wird hier in einem wunderschönen Holzhaus voller Antiquitäten oder im großen Garten serviert. *Charoen Prathet Road | Tel. 053 27 68 10 | €*

FERN FOREST CAFE
Kleines Café in einem herrlichen Garten mit plätscherndem Bächlein in der Nordwestecke der Altstadt. Hier schmecken Kaffee, Kuchen und Snacks (Spezialität: Bratwurst). *2 Singharaj Road, Soi 4 | Tel. 053 4162 04 | €*

INSIDER TIPP ▶ THE HOUSE
East meets West in der Küche dieser stilsicher restaurierten Stadtvilla. Fusion-Food vom Feinsten (nur Dinner), dazu eine Tapasbar und eine chillige Lounge. *199 Moon Muang Road | Tel. 053 41 90 11 | €€€*

THE RIVERSIDE
Abends gibt es Livemusik in diesem Terrassenlokal am Ping-Fluss. Sie können sich Ihr Menü auch auf dem Ausflugsboot servieren lassen (einstündige Flussfahrt tgl. um 20 Uhr). *9–11 Charoen Rat Road | Tel. 053 24 32 39 | www.theriversidechiangmai.com | €*

EINKAUFEN

Kunsthandwerk und Handarbeiten der Bergvölker können Sie in Hülle und Fülle erwerben, besonders auf dem *Nachtmarkt (Night Bazaar) (Chang Klan Road)* und am *Tapae Gate*. Die Straße vom Tor in die Altstadt wird sonntags für einen weiteren Markt gesperrt. Die trendigste Shoppingmeile mit Kunst, Mode und Möbeln in schicken Boutiquen ist die *Nimmanhaemin Road* nahe der Uni.

Im östlich gelegenen Dorf *Bor Sang* werden Papierschirme bunt bemalt. Die *Sankampaeng Road* dorthin ist links und rechts gesäumt von vielen Betrieben, die Schnitzereien, Schmuck, Seide und Souvenirs jeglicher Art anbieten.

DER NORDEN

AM ABEND

Ein kleines Barzentrum befindet sich an der oberen *Loi Kro Road* nahe der Altstadt. Diskos finden Sie in den großen Hotels *Chiang Inn, Royal Princess, Porn Ping Tower* und *Westin*. Das studentische und trendige Jungvolk bevorzugt die Bars und Clubs entlang der **INSIDER TIPP** *Nimmanhaemin Road* (in der Nähe der Uni), z. B. *Monkey Club* und *Warm Up*.

ÜBERNACHTEN

THE CHEDI
Viel Holz, Glas und Beton: Ultramodern und minimalistisch wurde das ehemalige britische Konsulat umgebaut. Mit Spa, Pool und Blick auf den Ping-Fluss. *84 Zi. | 123 Charoen Prathet Road | Tel. 053 25 33 33 | www.ghmhotels.com | €€€*

GALARE GUEST HOUSE
Ordentliche, mit Aircondition, Fernseher und Kühlschrank ausgestattete Zimmer am Ping River. Sehr gutes Preis-Leistungs-Verhältnis. *35 Zi. | 7 Charoenprathet Road, Soi 2 | Tel. 053 81 88 87 | www.galare.com | €*

INSIDER TIPP RACHAMANKHA
Gebaut wie eine Tempelanlage, voller Antiquitäten – eine Oase des Friedens mit großem Pool nahe dem Wat Phra Sing. Zumindest auf einen Drink sollten Sie hier mal vorbeischauen. *25 Zi. | 6 Rachamankha Road | Tel. 053 90 41 11 | www.rachamankha.com | €€€*

RIVER VIEW LODGE
Die netten Zimmer sind mit Aircondition und Minibar ausgestattet. Das Hotel verfügt über einen kleinen Pool und einen Garten am Fluss. *35 Zi. | 25 Charoen Prathet Road, Soi 4 | Tel. 053 27 11 09 | www.riverviewlodgch.com | €€*

INSIDER TIPP THE 3 SIS VACATION LODGE
„3 Sis" steht für die drei Schwestern, die dieses liebenswerte Haus im Herzen der Altstadt betreiben. Alle Zimmer sind klimatisiert, mit Kühlschrank und Flachbild-TV ausgestattet und im typisch nordthailändischen Lanna-Stil dekoriert. Gleich nebenan finden Sie das einfachere, aber ebenfalls sehr geschmackvoll ausgestattete *3 Sis Bed and Breakfast* (€). *24 Zi. | 1 Phrapoklao Road, Soi 8 | Tel. 053 27 32 43 | www.3sisbedandbreakfast.com | €€*

AUSKUNFT

TOURISM AUTHORITY OF THAILAND
Chiang Mai–Lamphun Road | südlich der Nawarat-Brücke | Tel. 053 24 86 04

MARCO POLO HIGHLIGHTS

⭐ **Altstadt von Chiang Mai**
Meisterwerke der Tempelbaukunst hinter alten Mauern
→ S. 56

⭐ **Doi Inthanon**
Spaziergang auf Thailands höchstem Berg → S. 60

⭐ **Floßtour auf dem Kok River**
Wunderschön: die mehrtägige Flussfahrt von Thaton nach Chiang Rai → S. 62

⭐ **Mae Hong Son**
Der ideale Ausgangspunkt für Touren in die Bergwelt des Nordens → S. 62

⭐ **Pai**
Das Städtchen in den Bergen zieht die Travellerszene magisch an → S. 65

59

CHIANG RAI

Landschaft beim Doi Inthanon

ZIELE IN DER UMGEBUNG

DOI INTHANON ⭐
(126 B3–4) (*B4*)
Eine Straße führt bis zum Gipfel von Thailands höchstem Berg (2565 m). Im gleichnamigen Nationalpark sind Abstecher zu Wasserfällen und in ein Dorf der Bergbewohner möglich. Oben gibt es einen Tempel, eine Radarstation und einen Rundwanderweg. Schon auf der Anfahrt haben Sie prächtige Ausblicke auf das Land und reisen in kurzer Zeit durch verschiedene Klimazonen. Jacke oder Pullover nicht vergessen! *Tour ca. 1200 Baht | 90 km südwestlich von Chiang Mai*

LAMPHUN (126 C3) (*B4*)
Heute ist Lamphun eine beschauliche Kleinstadt, bis 1281 war es die Hauptstadt des eigenständigen Königreichs Haripunchai. Die Hauptsehenswürdigkeit ist das *Wat Phra That Haripunchai* mit seinem 50 m hohen, vergoldeten Chedi. Beim Kloster informiert ein kleines *Nationalmuseum (Mi–So 9–16 Uhr)* über die Geschichte des einstigen Mini-Königreichs. Lamphun hat noch viel von seinem alten Charme bewahrt. Es ist ein angenehmer Ort, um einmal die Atmosphäre einer kaum vom Tourismus berührten nordthailändischen Provinzstadt zu schnuppern. *Regelmäßige Busverbindungen | 26 km südlich von Chiang Mai*

WAT PHRA THAT DOI SUTHEP
(126 C3) (*B3*)
Berühmt in ganz Thailand ist dieses Kloster auf dem Suthep-Berg (1676 m). Der Tempel (tgl. 8–17 Uhr) liegt auf 1070 m Höhe und wurde als Heimstatt für eine Buddhareliquie schon 1338 erbaut. Eine von mythischen Nagaschlangen gesäumte Treppe führt vom Parkplatz über 290 Stufen hinauf. Wem das zu beschwerlich ist, der kann auch eine Zahnradbahn benutzen. An Wochenenden pilgern Thais in Scharen hierher. 3 km entfernt liegt der königliche Winterpalast *Phunping*, der Freitag bis Sonntag nur dann besichtigt werden kann, wenn die königliche Familie nicht zugegen ist. Das nahe gelegene Dorf des Meo-Volkes ist vor lauter Souvenirshops kaum auszumachen. *Tour ca. 550 Baht | öffentliche Minibusse (30 Baht) ab Chuan Puak Gate (nördliche Altstadtmauer in Chiang Mai) fahren tagsüber bis ca. 16 Uhr im Pendelverkehr | 15 km nordwestlich von Chiang Mai*

CHIANG RAI

(127 D1) (*C2*) **Chiang Rai, die Hauptstadt der gleichnamigen Provinz, wurde schon im Jahr 1262 gegründet.**

DER NORDEN

Die 60 000-Einwohner-Stadt bildet das wirtschaftliche Zentrum des oberen Nordens, ist aber viel geruhsamer als Chiang Mai.

SEHENSWERTES

BERGVÖLKERMUSEUM (HILLTRIBE MUSEUM)

Im Hilltribe Museum können Sie sich über die verschiedenen Volksgruppen informieren, die in den Bergen leben. Es werden auch Trekkingtouren veranstaltet. *Mo–Fr 9–18, Sa, So 10–18 Uhr | Eintritt 50 Baht | Thanalai Road | Tel. 053 74 00 88 | short.travel/tai6*

INSIDER TIPP ▶ **WAT RONG KHUN**

Buddha meets Batman in dieser surrealen Tempelanlage eines thailändischen Künstlers. Ganz in Weiß strahlt das Gesamtkunstwerk von Architektur, Skulpturen und Gemälden, das sich mit keinem anderen Tempel in Thailand vergleichen lässt. *13 km südlich am Hwy. 1 | Eintritt frei*

ESSEN & TRINKEN

Auf dem *Nachtmarkt* mitten im Zentrum finden Sie viele Imbissstände.

EINKAUFEN

Der *Nachtmarkt* ist nicht so groß wie der in Chiang Mai, aber dafür können Sie Kunsthandwerk und Produkte der Bergvölker hier etwas preiswerter erwerben. Außerdem werden auf dem Markt Folkloretänze gezeigt.

AM ABEND

Einige Bars und Restaurants befinden sich in der Nähe des Uhrturms in der *Thrapkaset Plaza | Jetyod Road*.

ÜBERNACHTEN

GOLDEN TRIANGLE INN

Im Golden Triangle Inn wohnen Sie in einfachen Zimmern mit Klimaanlage. Zum Hotel gehören ein Reisebüro und eine Autovermietung. *31 Zi. | 590 Pahonyothin Road | Tel. 053 711339 | www.goldentriangleinn.com | €*

WANGCOME HOTEL

Das komfortable Haus im Stadtzentrum hat einen Pool und bietet ein gutes Preis-Leistungs-Verhältnis. *219 Zi. | 869/90 Pemawibhata Road | Tel. 053 711800 | www.wangcome.com | €€*

AUSKUNFT

TOURISM AUTHORITY OF THAILAND
Singhaklai Road | Tel. 053 71 74 33

LOW BUDG€T

▶ Für nur 350 Baht düsen Sie von Thaton nach Chiang Rai den Kok River hinab – in einem offenen Motorboot *(tgl. um die Mittagszeit, Fahrtdauer knapp 4 Std.).* Aber seien Sie gewarnt: Bequem ist der Trip nicht!

▶ In Pai können Sie sich für 150–200 Baht pro Stunde massieren lassen. Pais schlichte Massagebetriebe sind seriös und an fast jeder Ecke zu finden.

▶ Im Zug nach Chiang Mai: Er ist langsam (ca. 12 Std. für 751 km), aber billiger kommen Sie von Bangkok aus nicht in den Norden. *Ab 121 Baht (3. Klasse), Schlafwagen ab 593 Baht | www.railway.co.th*

ZIELE IN DER UMGEBUNG

FLOSSTOUR AUF DEM KOK RIVER ★ ● (127 D1) (🗺 C2)

Das 80 km nordwestlich von Chiang Rai gelegene Dorf *Thaton (www.thaton.com)* ist Ausgangspunkt für Floßfahrten auf dem *Kok River* in die Provinzhauptstadt. Nach zwei Übernachtungen (auf dem Hausfloß, in Hütten an Land oder im Schlafsack am Lagerfeuer) sind Sie da. Diese Tour ist die erholsamste, die Sie im Norden unternehmen können. Unterwegs können Sie Stopps in Bergdörfern einlegen. Bei vier Passagieren müssen Sie mit einem Fahrpreis von ca. 3500 Baht pro Person rechnen, z. B. bei *Thip Travel (www.thiptravel.com)*. Im Dorf gibt es schlichte Gästehäuser, wie etwa das *Apple* oder *Kwan's Guesthouse* (die Chefin kocht guten Kaffee und spricht Deutsch). Bessere Resorts finden Sie direkt am Fluss. Herrlich an einer Biegung liegt das *Baan Suan Riverside Resort (15 Zi. | Tel. 053 37 32 14 | baansuanriverside@hotmail.com | €)*.

MAE SAI (127 D1) (🗺 C2)

Thailands nördlichste Stadt liegt 62 km von Chiang Rai entfernt an der Grenze zu Myanmar. Der früher bei Rucksacktouristen beliebte Ort ist heute ein einziger Jahrmarkt, durch den ein Touristenbus nach dem anderen rollt. Eine Brücke führt hinüber nach *Tachilek*, der Grenzübertritt (8–18 Uhr) kostet für ausländische Tagestouristen 500 Baht. Auf der anderen Seite befindet sich ein weiterer Markt mit Waren aus China. Unterkunft auf der thailändischen Seite bietet das *Mae Sai Guesthouse (15 Zi. | Tel. 053 73 20 21 | €)* am Fluss, ca. 1 km links der Brücke. Ziemlich abgewohnt, aber das beste Haus im Zentrum und nahe der Brücke ist das *Wang Thong Hotel (148 Zi. | Tel. 053 73 38 89 | €)* mit Pool.

INSIDER TIPP MAE SALONG

(127 D1) (🗺 C2)

Im Dorf (auch Santi Khiri genannt, 50 km nordwestlich von Chiang Rai) auf dem 1800 m hohen Doi Mae Salong leben Nachfahren chinesischer Kuomintang-Soldaten, die nach Mao Zedongs Revolution über Burma (heute Myanmar) nach Thailand flüchteten. Sie bauen Tee, Kaffee und Gemüse an. Auf dem Markt, zu dem auch Angehörige der Bergvölker kommen, gibt es viele Waren aus China. Am Ortseingang liegt das *Chinese Martyr's Museum*. Wohnen mit Blick auf den Ort können Sie im *Khumnaipol Resort (24 Zi. | Tel. 053 76 50 01 | €)*.

SOP RUAK (127 D1) (🗺 C2)

Im Dreiländereck Thailand/Laos/Myanmar, auch *Goldenes Dreieck* genannt, gibt es keine Drogenkarawanen mehr, dafür aber Busse voller Touristen. Das Dörfchen Sop Ruak ist vollgestopft mit Souvenirbuden. Bei Bootstouren auf dem Mekong können Sie auch in Laos an Land gehen und in den Dörfern so exotische Mitbringsel wie Schlangenschnaps kaufen. Die beste Aussicht haben Sie vom Viewpoint oberhalb des kleinen Klosters. *70 km nördlich von Chiang Rai*

MAE HONG SON

(126 A2) (🗺 A3) ★ **Mae Hong Son, die kleinste Provinzhauptstadt des Landes (20 000 Ew.), ist gleichzeitig eine der beschaulichsten.**

Nahe der Grenze zu Myanmar, eingekesselt von Bergen, galt sie wegen ihrer Abgeschiedenheit lange als „Sibirien Thailands". Die Umgebung ist ideal für Erkundungen abseits ausgetretener Touristenpfade.

DER NORDEN

SEHENSWERTES

Am *Chong-Kam-See* mitten im Ort liegen ● die filigranen Tempel *Wat Chong Klang* und *Wat Chong Kham (jeweils Eintritt frei)*. Besonders romantisch ist es hier, wenn frühmorgens Nebel über dem See wabert. Vom Kloster auf dem 424 m hohen ☼ *Doi Kong Mu* haben Sie eine prächtige Aussicht.

ESSEN & TRINKEN

Imbissstände finden Sie auf dem *Nachtmarkt* am See. Livemusik zur Thai-Küche gibt's in der *Lake Side Bar (€)*, gute Pizza im *La Tasca (€)* an der Hauptstraße.

FERN RESTAURANT
Das Restaurant ist der Feinschmeckertempel in der Stadt. *Khunlumpraphat Road | Tel. 053 611374 | €*

ÜBERNACHTEN

INSIDER TIPP ▶ FERN RESORT
Traumhaft in der Natur – Reisfelder, Bäume, ein Bach, Wasserfälle in der Nähe – liegt dieses Ökoresort. Komfortable Holzbungalows mit Klimaanlage, Pool. Das Personal kommt ausschließlich aus der nahen Umgebung, viele Beschäftigte gehören dem Volk der Karen an. In der Küche werden frischeste Zutaten verarbeitet, eingekauft auf lokalen Märkten. *30 Zi. | Ban Hua Nam Mae Sakut | 10 km außerhalb der Stadt | Tel. 053 68 6110 | www.fernresort.info | €€*

MOUNTAIN INN AND RESORT
Rund 1 km südlich vom Stadtzentrum entfernt gelegen, gute Zimmer mit Aircondition. *69 Zi. | 112 Khunlumprapat Road | Tel. 053 6118 02 | www.mhsmountaininn.com | €€*

Thailand wie im Traum: der Tempel Wat Chong Klang in Mae Hong Son

MAE HONG SON

PIYA GUESTHOUSE
Hier finden Sie einfache Zimmer mit Aircondition in einem Haus in bester Lage am See. *14 Zi. | Khunlumprapat Road, Soi 3 | Tel. 053 61 12 60 | €*

AUSKUNFT

TOURISM AUTHORITY OF THAILAND
Khunlumprapat Road | im District Office | Tel. 053 61 29 82

ZIELE IN DER UMGEBUNG

Die Agenturen (z. B. *www.rosegardentours.com)* und Gästehäuser bieten interessante Ausflüge und Trekkingtouren sowie Rafting mit Bambusflößen auf dem Pai River an. Eine typische Tagestour zu Dörfern der Bergstammvölker und der Langhalsfrauen kostet bei zwei Teilnehmern zwischen 1500 und 1800 Baht pro Person.

DÖRFER DER „LANGHALSFRAUEN"
(126 A2) *(A2–3)*
Als fragwürdige Touristenattraktion haben Geschäftemacher sogenannte *Longneck* vom Stamm der Padaung, einer Untergruppierung des Karen-Volkes, aus Myanmar herübergebracht und in drei Dörfern angesiedelt. Zu sehen sind Frauen, deren Hälse durch Messingringe gestreckt sind. Selbst die Padaung sprechen hinter vorgehaltener Hand vom „Menschenzoo". Allerdings wollen sie auch nicht zurück nach Myanmar, weil sie ein vergleichsweise sorgloses Leben führen und durch den Verkauf von Handarbeiten zusätzlich Geld verdienen können.

INSIDER TIPP MAE AW (126 A2) *(A2)*
Fast wie eine Tour ans Ende der Welt ist die Fahrt durch die wilde, einsame Berglandschaft in dieses Dorf an einem kleinen See. Gegründet wurde es von Kuomintang-Chinesen, die vor Mao

Umstrittene Attraktionen: die Dörfer der „Langhalsfrauen" aus Myanmar

DER NORDEN

Zedongs Truppen geflohen waren. Während hier früher Opium angepflanzt wurde, leben die Einwohner heute von Tee- und Kaffeeplantagen. In kleinen Lokalen können Sie Tee und Kaffee frisch gebrüht genießen. Offiziell heißt der Ort Ban Rak Thai, „das Dorf, das Thailand liebt."

PAI

(126 B2) (*∅ B3*) ⭐ **Pai (6000 Ew.), in einem weiten Tal gelegen, ist die rasend schnell wachsende Hochburg der Rucksackszene im Norden.**

Lokale und Internetcafés an jeder Ecke, Tattoostudios, Chillout-Kneipen und jede Menge Billigunterkünfte – der ideale Platz für Action und zum Abhängen. Im Ort lohnen die Shan-Tempel *Wat Luang* und *Wat Klang* einen Besuch. 7 km südöstlich der Stadt können Sie in *Heißen Quellen (Hot Springs)* baden.

ESSEN & TRINKEN

Zwei Oldtimer im Zentrum sind das *Pai Corner Restaurant* (deutsch/thai) und das *Chez Swan* (französisch/thai), beste Thai-Küche gibt es im *Ban Benjarong* am Stadtrand Richtung Chiang Mai *(alle €)*.

FREIZEIT & SPORT

Pai ist ein Zentrum für Trekking und Schlauchbootrafting auf dem Pai River. Ein paar Dutzend Agenturen bieten ihre Dienste an.

AM ABEND

Bars gibt's viele in Pai, die Namen kommen und gehen – aber irgendwo ist immer Party. Seit Jahren angesagt ist die *Bebop Bar* mit Livemusik (nahe dem Restaurant Ban Benjarong).

ÜBERNACHTEN

INSIDER TIPP ▶ BAAN PAI VILLAGE

Gepflegte Bungalows aus Holz und Bambus in zentraler Lage, mit Ventilator oder Klimaanlage. Entspannen können Sie in einem Garten mit Goldfischteich. *23 Zi. | Tesaban Road | Tel. 053 69 8152 | www. baanpaivillage.com | €*

THE QUARTER

Mit diesem Boutiqueresort ist der Luxus in Pai eingezogen: Am Rand des Zentrums ist eine perfekte Mischung aus traditionellem Thai-Stil und Minimalarchitektur entstanden. Pool mit Jacuzzi, kostenloser Fahrradverleih für Gäste. *36 Zi. | 245 Chaisongkram Road | Tel. 053 69 94 23 | www.thequarterhotel.com | €€€*

RIM PAI COTTAGE

Die schöne Anlage mit rustikalen, komfortablen Holzbungalows liegt direkt am Fluss, nahe dem Zentrum von Pai. *30 Zi. | Tel. 053 69 9133 | www.rimpaicottage. com | €–€€*

AUSKUNFT

Schalter der Touristeninformation beim District Office | Raddamrong Road

ZIELE IN DER UMGEBUNG

HÖHLEN (126 B2) (*∅ A–B 2–3*)

Mehrere kaum erforschte, riesige Höhlen liegen westlich von Pai. Die *Tham Nam Lang* soll eine der weltweit größten sein. Bei *Soppong (ca. 45 km von Pai | www. soppong.com)* kann man die Tropfsteinhöhle **INSIDER TIPP ▶** *Tham Lot* erkunden. Dort hat der Australier John Spiess die rustikalen Bungalows der *Cave Lodge (Tel. 053 6172 03 | www.cavelodge.com | €)* gebaut.

65

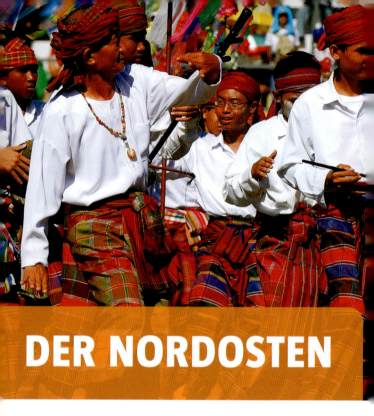

DER NORDOSTEN

Wie die Zentrale Ebene nördlich von Bangkok ist auch das Hochplateau des Nordostens das Land der Reisbauern.
Aber hier im regenarmen Isan ist der Boden karg, fallen die Ernten oft gering aus. Der Nordosten ist das Armenhaus des Landes und kann nicht alle seine Bewohner ernähren. Viele Menschen sind deshalb in die wirtschaftlich bessergestellten Regionen des Landes abgewandert.

KHON KAEN

(132 B1) (*M F6*) Die Stadt Khon Kaen (150 000 Ew.) liegt im Herzen des Isan, rund 450 km von Bangkok entfernt.
Nur wenige Touristen machen in der Universitätsstadt Station. Außer dem Nationalmuseum und den Tempeln gibt es keine nennenswerten Attraktionen im Ort selbst.

SEHENSWERTES

BUNG KAEN NAKHON
Der See am südöstlichen Rand des Zentrums ist ein beliebter Picknickplatz. Besonders eindrucksvoll ist die Pyramide des INSIDER TIPP *Wat Muang Gao* mit exquisiten Schnitzereien in Türen und Fensterläden.

NATIONALMUSEUM
Umfangreiche Sammlung archäologischer Funde wie Stein- und Bronzeäxte aus Ban Chiang, ein anmutiger Bronzebuddha aus der Sukhothai-Periode und

Bild: Tanzgruppe beim Elefantenfest in Surin

Wo Thailand noch ursprünglich ist: Im Land der Reisbauern auf den Spuren der Dinos und alter Kulturen

eine Shivastatue aus dem 11. Jh. Selbst ein nachgebautes traditionelles Bauernhaus fehlt nicht. *Mi–So 9–16 Uhr | Eintritt 30 Baht | Lang Sun Ratchakan Road | www.nationalmuseums.finearts.go.th*

ESSEN & TRINKEN

Für ein paar Euro können Sie sich auf dem ● *Nachtmarkt* quer durch die Isan-Küche essen. Angenehm sitzt man in den offenen Restaurants *(€)* der *Night Garden Plaza* nahe dem Kosa Hotel.

AM ABEND

Im *Underground Entertainment Complex* des Pullman-Hotels finden Sie die modernste Disko der Region und das größte Karaokestudio. In Hotelnähe gibt's ein Dutzend Bierbars und Pubs.

ÜBERNACHTEN

KOSA HOTEL

Hier sollten Sie sich einen opulenten *Deluxe Room* gönnen. Das Preis-Leistungs-

KHON KAEN

Verhältnis ist sehr günstig. Das Haus bietet einen Pool und ein Fitnesscenter, und auf der hoteleigenen Bowlingbahn können Sie die Kugel rollen lassen. *187 Zi. | 250–252 Srichan Road | Tel. 043 32 03 20 | www.kosahotel.com | €€*

ZIELE IN DER UMGEBUNG

Mit öffentlichen Verkehrsmitteln sind Touren kompliziert. *Kaen Koon Travel (Ammart Road | Tel. 043 23 94 58)* vermietet Wagen mit und ohne Fahrer.

Nervenkitzel: Kobra als Showstar im Dorf Ban Khoksanga

INSIDER TIPP PULLMAN KHON KAEN RAJA ORCHID

Luxus zu Sparpreisen im besten Haus der Region. Selbst eine opulente Suite ist hier schon ab ca. 80 Euro zu haben. Das Hotel verfügt über einen Pool und ein Spa, außerdem gibt es hier fünf Restaurants (chinesisch, italienisch, deutsch, thai, vietnamesisch) und eine Sushibar. Das Kronen-Bier wird im Haus gebraut. *293 Zi. | 9 Prachasumran Road | Tel. 043 32 21 55 | www.pullmankhonkaen.com | €€€*

AUSKUNFT

TOURISM AUTHORITY OF THAILAND
Prachasamosorn Road | Tel. 043 24 44 98

PHU-WIANG-NATIONALPARK ★
(132 A1) (*F6*)

Der Park präsentiert sich als „Dinosaurierland". Die riesigen Saurierskulpturen sind jüngeren Datums, aber die versteinerten Relikte der Urzeitviecher 120–140 Mio. Jahre alt. Man kann Grabungsstätten besichtigen und Funde sowie Schautafeln im kleinen Besucherzentrum studieren. *Eintritt 200 Baht | www.dnp. go.th | 80 km nordwestlich von Khon Kaen*

UBOLRAT-DAMM UND KOBRADORF
(132 B1) (*F6*)

Der 800 m lange *Ubolrat-Damm* 50 km nordwestlich von Khon Kaen staut ein 410 km² großes Reservoir – ein beliebtes Ausflugsziel mit Bootstouren und Golf-

DER NORDOSTEN

platz. Im Dorf *Ban Khoksanga* präsentiert das *King Cobra Conservation Project* Schlangen in Gehegen. Männer des Dorfes steigen mit Pythons und Kobras in den Boxring. Showtime ist, sobald ein Besucher da ist. Falls Sie der Einzige sind, handeln Sie den Preis vorab aus.

NAKHON RATCHASIMA

(132 A4) *(* *F7–8)* **Die gemeinhin Korat genannte Provinzmetropole Nakhon Ratchasima ist mit 250 000 Einwohnern die größte Stadt des Nordostens.**
Die Stadt ist auch das Eingangstor zur Provinz Nakhon Ratchasima. Die interessantesten Sehenswürdigkeiten liegen in der Umgebung.

SEHENSWERTES

MAHA-WIRAWONG-NATIONALMUSEUM
Die Sammlung enthält viele Buddhafiguren, Keramik, Schnitzereien und Zeugnisse der Khmer-Kunst. *Mi–So 9–16.30 Uhr | Eintritt 10 Baht | Ratchadamnoen Road | beim Wat Suthachinda | www.nationalmuseums.finearts.go.th*

THAO-SURANARI-DENKMAL
Auf einem hohen Sockel steht das Bronzedenkmal für die tapfere Ehefrau eines früheren Korat-Gouverneurs. 1826 leitete sie den Widerstand gegen laotische Invasoren und vertrieb die Eindringlinge aus der Stadt. Von den Menschen im Isan wird Thao Suranari, auch bekannt als Khun Ying Mo, wie eine Heilige verehrt. Täglich pilgern viele hierher, entzünden Räucherstäbchen und legen Opfergaben nieder. Ein großes Fest rund um das Denkmal findet Ende März/An-

fang April statt. *Im Zentrum zwischen Ratchadamnoen Road und Chumphon Road*

ESSEN & TRINKEN

Imbissstände finden Sie auf dem *Nachtmarkt (Mahattai Road/Ecke Manat Road)*, Isan-Küche wird im *Pokaphan (98 Assadang Road | €)* serviert. Futtern wie bei Muttern können Sie in *Balu's Biergarten (Mo–Mi geschl. | Mahattai Road | €–€€):* Der Berliner Ralf stellt eigene Wurst her. Im *Chez Andy (So geschl. | 5 Manat Road | Tel. 044 28 95 56 | www.chezandy.com | €–€€)* gibt's Rösti und ordentliche Steaks.

MARCO POLO HIGHLIGHTS

⭐ **Phu-Wiang-Nationalpark**
Riesige Dinosaurier weisen den Weg zu Ausgrabungsstätten → S. 68

⭐ **Khao-Yai-Nationalpark**
Wanderung im Dschungel der wilden Elefanten → S. 70

⭐ **Phimai**
Die schönsten Khmer-Tempel Thailands und uralte Banyanbäume → S. 70

⭐ **Elephant Round-Up**
Bei dem Fest in Surin zeigen die Jumbos, was sie gelernt haben → S. 71

⭐ **Nong Khai**
Liebenswertes Städtchen am Mekong mit einer Brücke nach Laos → S. 72

⭐ **Ban Chiang**
Zeugnisse einer alten Hochkultur aus der Bronzezeit → S. 73

69

NAKHON RATCHASIMA

ÜBERNACHTEN

CHOMSURANG
Etwas abgewohnte, doch für den günstigen Preis absolut akzeptable Zimmer (mit TV) in zentraler Lage. Pool. *67 Zi. | Mahattai Road | Tel. 044 25 70 88 | €*

DUSIT PRINCESS
Die Prinzessin ist zwar in die Jahre gekommen, aber immer noch die Nr. 1 der Stadt. Geräumige Zimmer mit allem Komfort und großer Pool. *186 Zi. | 1137 Suranarai Road | Tel. 044 25 66 29 | www.dusit.com | €€*

AUSKUNFT

TOURISM AUTHORITY OF THAILAND
Hier gibt es Karten mit Angaben in Thai-Schrift. *Mittraphap Road | Umgehungsstr. am Stadtrand, nahe Hotel Sima Thani | Tel. 044 21 36 66*

ZIELE IN DER UMGEBUNG

Wagen mit Fahrer vermieten z. B. *Lily Travel (Chomsurangyart Road | gegenüber Chaophraya Inn | Tel. 044 26 01 32)* und *Korat Car Rental (Phonsaen Road | Tel. 044 39 37 30 | www.koratcarrental.com).*

DORF DER SEIDENWEBER
(132 A4) (*⚏ E8*)
Wie Seidenstoffe von Hand gewebt oder mit modernen Webmaschinen hergestellt werden, können Sie im Dorf *Pak Thong Chai* sehen. Der Ort ist ein Zentrum der thailändischen Seidenproduktion. Rund 80 Betriebe, vom kleinen Familienunternehmen bis zu Hightechmanufakturen, fabrizieren die kostbaren Stoffe. Wenn Sie hier einkaufen, können Sie sicher sein, Seide ohne synthetische Beimischung zu bekommen. *32 km südwestlich | Busse im Pendelverkehr*

KHAO-YAI-NATIONALPARK ⭐
(131 E–F5) (*⚏ E8*)
Der älteste Nationalpark des Landes ist das größte Rückzugsgebiet für Elefanten. Noch rund 200 Dickhäuter sollen hier in mehreren Herden durch den Dschungel streifen. Um sie zu sehen, brauchen Sie aber Glück und sollten sich der Führung eines Parkrangers anvertrauen. Schon größer ist die Wahrscheinlichkeit, dass Wildschweine Ihren Weg kreuzen oder Nashornvögel über Ihnen flattern. Vom *Hauptquartier der Parkverwaltung (Mobiltel. 08 60 92 65 29 | www.dnp.go.th)* aus können Sie auf markierten Pfaden Dschungelwanderungen auch ohne Führer unternehmen und sich unterwegs an Wasserfällen erfrischen. Die Parkverwaltung vermietet auch Mountainbikes.
Organisierte Touren in den Park kann man bei vielen Reisebüros in Thailand buchen. Auf eigene Faust reisen Sie am besten über *Pak Chong* (80 km südwestlich von Korat) am Hwy. 2 an. Von dort sind es noch 35 km bis zum Park. Entlang der Zufahrtsstraße und rund um den Park gibt es Resorts, die auch Touren anbieten. Schön auf einem Hügel liegen die Komfortbungalows des *Samanea Resort (24 Zi., mit Pool | 100 Ban Lerd Thai | Moosee | Pak Chong | Mobiltel. 08 37 23 77 74 | www.samanearesort.com | €€). Abholservice ab Pak Chong*

PHIMAI ⭐ (132 B3) (*⚏ F7*)
In dem Städtchen 60 km nordöstlich von Korat befindet sich die größte Khmer-Tempelanlage außerhalb Kambodschas. Im *Phimai Historical Park (tgl. 7.30–18 Uhr | Eintritt 40 Baht)* gruppieren sich imposante Sandsteinbauten um den zentralen, 28 m hohen Prang. Sehr sehenswert ist auch das *Phimai-Nationalmuseum (tgl. 9–16 Uhr | Eintritt 30 Baht)* mit Kunstobjekten und Grabungsfunden aus dem Isan. Ein Kunstwerk der Natur sind

DER NORDOSTEN

mehrere jahrhundertealte *Banyanbäume (Sai Ngam)* am Mun River (2 km östlich). Unterkunft finden Sie nahe dem Park im einfachen *Boonsiri Guesthouse (14 Zi. | Chomsudasadet Road | Tel. 044 47 11 59 | www.boonsiri.net | €)* mit nettem Innenhof (auch Zimmer mit Klimaanlage). Hier werden auch Touren angeboten, etwa zur Ruine des Khmertempels im *Phanom Rung Historical Park*. Ebenfalls zentral gelegen, aber komfortabler (mit Aircondi-derfahrten mit Zug oder Bus. Im Dorf *Ta Klang*, 60 km nördlich von Surin, befindet sich das nicht-kommerzielle *Surin Elephant Study Center*, das sich um rund 200 Elefanten kümmert und in einem Museum über die Dickhäuter informiert. Freiwillige Helfer sind willkommen im **INSIDER TIPP** *Surin Project (www.surinproject.org)*.

Übernachten können Sie beispielsweise im Hotel *Petchkasem (162 Zi. | 104 Chit-*

Festival für Groß und Klein: Elephant Round-Up in Surin

tion, TV, Kühlschrank), ist das *Pimai Paradise Apartment (42 Zi. | 100 Samairuchi Road | Tel. 044 28 75 65 | €)*.

SURIN (132 C4) (*G8*)

Die 40 000-Einwohner-Stadt, Metropole der gleichnamigen Provinz, wird zum ★ *Elephant Round-Up* an einem Wochenende Mitte/Ende November von Touristen überschwemmt. Dabei zeigen bis zu 200 Elefanten Kunststücke. Reisebüros in Bangkok veranstalten Son-*bamrung Road | Tel. 044 511274 | www.pkhotel.co.nr | €)*, das Pool und Restaurant hat und sogar eine Folkloreshow bietet. Spartanisch eingerichtet, aber hübsch in einem Garten gelegen ist die Travellerherberge *Pirom-Aree's House (10 Zi. | 55 Thungpoh Road 326, Soi Arunee | Tel. 044 513234 | €)*. Der pensionierte Sozialarbeiter Pirom veranstaltet Touren. Mit Infos hilft auch der Engländer Martin im Pub *Farang Connection (Chitbamrung Road | beim Busbahnhof | www.*

71

NONG KHAI

Fabelwelt aus Felsgestein im Skulpturenpark Wat Khaek

farangconnection.com | €). 200 km östlich von Korat | Anfahrt mit Bus oder Zug

NONG KHAI

(128 C4) (*F4*) **Erholsame Tage am Mekong verheißt die Provinzhauptstadt ★ Nong Khai (25 000 Ew.). Sie ist das Sprungbrett nach Laos.**
Über die 1,2 km lange *Thai-Laos Friendship Bridge* gelangen Sie in das 22 km entfernte Vientiane. Es rollen auch Züge über die Brücke, aber die Strecke bis Vientiane ist noch nicht fertiggestellt.

SEHENSWERTES

INSIDER TIPP WAT KHAEK

Die Anlage mit ihrem bizarren Skulpturengarten ist einzigartig. Neben den riesigen Buddhastatuen, Dämonen mit abgeschlagenen Köpfen in den Händen, hinduistischen Göttern, siebenköpfigen Kobras und Elefanten wirken die Besucher wie Zwerge. *3 km östlich*

ESSEN & TRINKEN

In *Rudy's Bakery (Haysok Road | Tel. 042 41 30 72)* tischt der Pfälzer Bäckermeister Rudi ein ordentliches Frühstück und leckere Schneckennudeln auf. Das schwimmende Restaurant *Nagarina (€)* legt tgl. um 17 Uhr unterhalb des Mut Mee Guesthouse ab (Infos dort). Hier ist auch die romantischste Bar am Mekong vertäut: INSIDER TIPP *Gaia (www.mutmee.com)* mit regelmäßigen Künstlerperformances. Imbissstände gibt es abends an der *Prajak Road*.

EINKAUFEN

Auf dem rappelvollen *Sadet Market* am Fluss werden auch Waren aus Laos und China angeboten.

VILLAGE WEAVER HANDICRAFTS

Das Geschäft des Selbsthilfeprojekts hat ein großes Angebot an handgewebten Stoffen und Kleidung. *1151 Prachak Road, Soi Chittapanya*

DER NORDOSTEN

ÜBERNACHTEN

MUT MEE GUESTHOUSE
Schlichte Bungalows, aber eine kleine Oase direkt am Fluss, mit gutem Restaurant im Garten. Yogakurse und Fahrradverleih. *29 Zi. | 1111 Kaeworawat Road | Tel. 042 46 07 17 | www.mutmee.com | €*

ROYAL NAKHARA HOTEL
Das beste Haus in der Stadt bietet Komfortzimmer, für die Sie in Bangkok mindestens das Doppelte zahlen müssten. *80 Zi. | 678 Saded Road | Tel. 042 44 28 89 | www.royalnakhara.com | €*

RUAN THAI GUEST HOUSE
Dieses und weitere einfache Gästehäuser finden Sie entlang der Rimkong Road (Uferstraße) von Nong Khai. *18 Zi. | Tel. 042 41 25 19 | ruanthaiguesthouse.nongkhaiinformation.com | €*

AUSKUNFT

TOURISM AUTHORITY OF THAILAND
Mitrapap Thai-Lao Road | Tel. 042 46 78 44

UDON THANI

(128 C5) (ΜΩ F5) **Die Handelsmetropole Udon Thani (140 000 Ew.) liegt an der Bahnstrecke zwischen Khon Kaen und Nong Khai.**
Auch wenn in dieser Provinz beim Dorf Ban Chiang die bedeutendste archäologische Stätte des Landes liegt, ist die Stadt selbst kein Touristenziel.

ÜBERNACHTEN

BAN CHIANG HOTEL
Gepflegte Zimmer mit allem Komfort, selbst eine Suite können Sie schon für 50 Euro beziehen. Dazu Pool, Sauna, Fitnesscenter und ein Weinkeller. *149 Zi. | 5 Mukmontri Road | Tel. 042 32 79 11 | www.banchianghotel.com | €–€€*

AUSKUNFT

TOURISM AUTHORITY OF THAILAND
Mukmontri Road | Tel. 042 32 54 06

ZIEL IN DER UMGEBUNG

BAN CHIANG ★ *(129 D5) (ΜΩ G5)*
In dem Dorf 55 km östlich von Udon Thani lebte vor rund 3500 Jahren ein hoch entwickeltes Bauernvolk. Bei Grabungen fand man zwischen Skeletten Töpferwaren und Bronzewerkzeuge. In Zusammenarbeit mit amerikanischen Experten entstand ein eindrucksvolles *Nationalmuseum (Di–So 8–16 Uhr | Eintritt 150 Baht | www.penn.museum/banchiang)*. Eine Ausgrabungsstätte ist im Hof des *Wat Phi Si Nai* zu besichtigen. Vor dem Museum bieten Händler Töpferwaren an.

LOW BUDGET

▶ Aircondition, Kühlschrank, TV, DVD-Player, PC mit Gratis-Internetanschluss: In Nong Khai gibt's solche Zimmer schon ab 720 Baht im zentral gelegenen *Pantawee Hotel (120 Zi. | 1049 Haisoke Road | Tel. 042 411568 | www.thailand.pantawee.com)* mit Pool.

▶ Golf spielen für Kleingeld: Im Nordosten beträgt die Greenfee auf manchen Plätzen wochentags ca. 10 Euro. Günstiger können Sie in Thailand sonst nirgendwo einlochen. *www.isan.sawadee.com/isangolf.html*

DER SÜDEN

An den Stränden und vor allem auf den Inseln des Golfs von Thailand und der Andaman-See werden für Besucher aus aller Welt Urlaubsträume wahr.

Die Natur hat es gut gemeint mit den Thais im Süden. Auch bevor die Touristen kamen, mussten sie keine Not leiden. Die Fische im Meer, der fruchtbare Boden und darin verborgene Schätze, z. B. Zinn, bescherten vielen ein sorgenfreies Dasein – und manchen Reichtum.

HUA HIN

(134 B3) *(C10)* Im ältesten Seebad des Landes gingen schon Könige baden, als Thailand noch Siam hieß. Heute tummeln sich an den kilometerlangen Stränden von Hua Hin vor allem Wochenendgäste aus dem 240 km entfernten Bangkok.

Apartmentblocks säumen die Küste. Die 50 000-Einwohner-Stadt hat sich seit Ende der 1990er-Jahre zu einem Zentrum des internationalen Tourismus entwickelt, mit westlicher Küche an jeder Ecke. Auch ein paar kleine Barstraßen gibt es. Aber viele der Touristen sind schon aus dem Alter raus, in dem man sich noch locker auf den Barhocker schwingt. Sie suchen eher den Charme eines alten Seebads, doch der verblasst zusehends.

ESSEN & TRINKEN

Viele Lokale mit thailändischer und internationaler Küche finden Sie an der

74   Bild: Nang Thong Beach in Khao Lak

Urlaubsparadies über wie unter Wasser: Spektakuläre Strände, Robinsoninseln und Spritztouren im Dschungel

Naresdamri Road (parallel zum Strand). Es gibt auch zahlreiche Fischrestaurants, die den Passanten ihr Seafood auf einem Bett aus Eis präsentieren. Am preiswertesten speisen Sie auf dem *Nachtmarkt* im Zentrum, wo es auch leckere Muschelomeletts und Nudelsuppe mit Ente gibt.

LA PAILLOTE
Der Franzose Christopher kreiert französische und thailändische Gaumenfreuden und kombiniert auch beide miteinander. Exzellent sind z. B. seine Muscheln mit Roquefortkäse oder das Krabbencurry. *174/1 Naresdamri Road | Tel. 032 52 10 25 | www.paillote.net | €€–€€€*

SUNSHINE RESTAURANT
Rindsroulade, Gulasch und andere herzhafte deutsche Kost gibt es hier ebenso wie thailändische Küche und Seafood. Zum Frühstück gibt's Brötchen und Brot, beides selbst gebacken. *130/5 Naresdamri Road | schmaler Eingang gegenüber Hilton-Hotel | Tel. 032 53 24 75 | www.sunshine-restaurant.com | €€*

HUA HIN

AM ABEND

Bierbars finden Sie in der *Soi Bintabat*, eine Diskothek im Hotel *Hilton Hua Hin (33 Naresdamri Road)*. Klassische Thai-Tänze, Masken- und Schwerttanz präsentiert das *Sasi (Di–So 19.15 Uhr | 83 Takiap Road | beim Hyatt Regency | Mobiltel. 08 18 80 40 04 | www.sasirestaurant.com)*. Im Preis von 750 Baht ist ein Thai-Dinner enthalten.

ÜBERNACHTEN

Es gibt viele Gästehäuser und Hotels zwischen Strand und Stadtzentrum.

CENTARA GRAND BEACH RESORT
In den 1920er-Jahren im viktorianischen Stil erbaut, kombiniert das Haus Luxus mit Nostalgie. Mit wunderschönem Park, direkt am Strand, Zimmer im Hoteltrakt und in frei stehenden Villen. Das Resort verfügt über fünf Restaurants, vier Pools, Spa und Fitnesscenter. *249 Zi. | 1 Damnernkasem Road | Tel. 032 51 20 21 | www.centarahotelsresorts.com | €€€*

INSIDER TIPP ▶ HUA HIN AVENUE
Angenehmes Boutiquehotel mit Pool und sehr gutem Preis-Leistungs-Verhältnis. Die Zimmer sind komfortabel und

Frisch für Feinschmecker: Meeresfrüchte aus Hua Hin

von schlichter Eleganz. Im Zentrum nahe dem Nachtmarkt. *16 Zi. | 18/5 Sa Song Road | Tel. 032 51 22 39 | www.huahin-avenue.com | €€*

PUANGPEN VILLA HOTEL
In den sauberen Zimmer gibt es Aircondition, TV und Kühlschrank. Das Hotel hat einen großen Pool und liegt 150 m vom Strand entfernt. *50 Zi. | 11 Damnernkasem Road | Tel. 032 53 37 85 | ppvillahotel@hotmail.com | €€*

AUSKUNFT

TOURIST INFORMATION CENTER
Phetkasem Road | am Sitz der Stadtverwaltung | Tel. 032 53 24 33

DER SÜDEN

KHAO LAK

(136 C4) (*A15*) **Das Gebiet 75 km nördlich vom Phuket-Flughafen war und ist ein beliebtes Reiseziel für Familien und Ruhesuchende.**

Khao Lak wurde am 26. Dezember 2004 von der Tsunami-Flutwelle besonders hart getroffen. An die Katastrophe erinnern ein kleines Tsunami-Museum und ein an Land gespültes Marinepolizeiboot (Hauptstraße am Bang Niang Beach). Im Rekordtempo hat man die Urlaubsregion wiederaufgebaut.

Khao Lak ist der Sammelbegriff für die auf einer Länge von ca. 10 km ineinander übergehenden Strände von *Khao Lak (Sunset Beach), Nang Thong, Bang Niang* und *Khuk Kak*. Die Hauptstraße (Nationalstraße 4) verläuft ca. 500–1000 m zurückversetzt parallel zum Uferstreifen. Entlang der Straße reihen sich Restaurants und Läden, Tauchshops und was sonst noch zur touristischen Infrastruktur gehört.

ESSEN & TRINKEN

Selbstgebackenes Brot zum Frühstück gibt's im *Bistro (Mobiltel. 08 62 77 09 19)* und im *Bread & More (Bang Niang Beach | Mobiltel. 08 99 71 45 05 | €–€€)*. Ausgezeichnet sind das Thai-Curry und die Garnelensuppe im *Smile (Nang Thong Beach | Mobiltel. 08 33 91 26 00 | www.smilekhaolak.com | €€)*. Das *Khaolak Seafood Family House (Nang Thong Beach | Tel. 076 48 53 18 | www. khaolakseafood.com | €€)* vermietet nicht nur Bungalows sondern tischt auch leckeren Fisch auf, z. B. Barrakuda im Bananenblatt.

FREIZEIT & SPORT

Eines der weltbesten Tauchreviere liegt sozusagen vor der Haustür: die *Similan-Inseln*. Vom *Tap-Lamu-Pier* südlich von Khao Lak sind es nur 50 km dorthin. Die Schiffsreise von Phuket (110 km) dauert doppelt so lange. Auch die weiter nördlich gelegenen, exzellenten Tauchgrün-

---

MARCO POLO HIGHLIGHTS

⭐ Ko Lanta
Trotz Boom gibt es hier noch viel Strand für alle – je weiter südlich, desto ruhiger → S. 80

⭐ Ko Jum
Eine nur 9 km lange Dschungelinsel, auf der die Seele baumeln darf → S. 81

⭐ Ko Samui
Die Insel der Kokospalmen im Golf von Thailand. Mit kulturellen Sehenswürdigkeiten kann Ko Samui zwar nicht dienen, aber es werden alle Arten von Wassersport angeboten → S. 82

⭐ Phuket
Wo sich Urlauber aus aller Welt treffen: Thailands Zentrum des Tauchtourismus mit Topstränden und besten Ausblicken vom Big Buddha und vom Leuchtturm auf dem Kap Promthep → S. 88

⭐ Ko Phi Phi
Spektakulär und absolut filmreif: Phi Phi Don und Phi Phi Le sind Thailands schönste Inseln → S. 91

⭐ Bucht von Phang Nga
Traumhaft: Felsenberge, Tropfsteinhöhlen und ein Pfahldorf im Meer → S. 91

KHAO LAK

Einer der insgesamt 10 km langen Strände von Khao Lak: Bang Niang Beach

de um die *Surin-Inseln* (60 km zum Festland) sind von Khao Lak aus viel schneller zu erreichen. Infos rund ums Tauchen: *www.khaolak.de/Tauchen.htm*.
Touren zu Inseln, Höhlen und Wasserfällen im Dschungel, wie dem fünfstufigen und insgesamt 200 m hohen INSIDER TIPP *Chong Fah* im *Lamru-Nationalpark*, können Sie in Reisebüros buchen.
Am Bang Niang Beach gibt es eine *Minigolfanlage* (Abzweigung von der Hauptstraße nach dem Tsunami-Museum).

AM ABEND

Das Nachtleben beschränkt sich meist auf die Betrachtung des Sternenhimmels. Im *O'Connor's Irish Pub* und im *Happy Snapper (Nang Thong Beach)* gibt's ab und zu Livemusik. Auch in der *Degree Bar (Bang Niang Beach)* greifen Musiker in die Saiten. An der Hauptstraße des Bang Niang Beach warten gleich zwei Travestieshows auf Kunden: das *Moo Moo Cabaret* und das *Angel Ladyboy Cabaret* – ein paar Nummern kleiner als die Shows in Phuket oder Pattaya, aber dafür ist der Eintritt frei.

ÜBERNACHTEN

Khao Lak ist so gut wie gar nicht auf Rucksacktouristen eingestellt. Für unter 20 Euro finden Sie kein Zimmer am Strand. Um den Jahreswechsel können die Preise erheblich steigen.

DIVER'S LAND
Nette Anlage mit kleinem Pool und einem Kinderbecken. Die Zimmer – alle haben Klimaanlage, TV und Kühlschrank – liegen in Bungalows oder in einem zweistöckigen Gebäude. Im Pool können Sie die Grundbegriffe des Tauchens erlernen. Außerdem gibt es spezielle Komplettangebote für Taucher. *45 Zi. | Nang Thong Beach | Tel. 076 48 54 20 | www.diversland.com |* €€€

LA FLORA RESORT & SPA
Spitzenklasseresort, die luxuriösen Zimmer sind so perfekt gestylt wie die ganze Anlage. Herrlicher Pool, Spa. *70 Zi. |*

DER SÜDEN

Bang Niang Beach | Tel. 076 42 80 00 | www.lafloraresort.com | €€€

GREEN BEACH RESORT
Sehr einfache, saubere Bungalows – alle klimatisiert, teils mit Minibar – in einer schön begrünten Anlage. Etwas eng zusammengebaut, aber direkt am Strand das günstigste Resort. 34 Zi. | Nang Thong Beach | Tel. 076 48 58 45 | www.khaolakgreenbeachresort.com | €–€€

NANGTHONG BAY RESORT
Sehr gepflegte, komfortable Zimmer (mit TV und Kühlschrank) in einem zweigeschossigen Hoteltrakt oder in Bungalows. Das Resort hat einen Pool und eine sehr schöne Gartenanlage. Für Khao Lak sehr gutes Preis-Leistungs-Verhältnis. 80 Zi. | Nang Thong Beach | Tel. 076 48 50 88 | www.nangthong.com | €€–€€€

INSIDER TIPP ▶ POSEIDON BUNGALOWS ☺
Wer absolute Ruhe liebt, wird sich hier wohlfühlen. Die einfachen Bungalows (mit Dusche, Ventilator) liegen zwischen Wald und Strand. Ein kleines Refugium mit Ökobewusstsein: Kein Baum wurde für den Bau der Bungalows gefällt, Bioabfall kommt auf den Kompost, Einwegflaschen sind verpönt. Die Betreiber veranstalten auch Tauchtouren zu den Similan-Inseln. Bei km 53 aus Richtung Phuket zweigt eine ca. 1 km lange Piste von der Hauptstraße zum Resort ab. 15 Zi. | Tel. 076 44 32 58 | www.similantour.com | €

ZIEL IN DER UMGEBUNG

TAKUA PA OLD TOWN
(136 C4) (ⓜ B14)
Eine halbe Autostunde nördlich von Khao Lak liegt das Städtchen Takua Pa. Es ist zweigeteilt in die geschäftige Neustadt mit einem großen Markt und die verschlafene Old Town. Die Altstadt erinnert an die große Vergangenheit von Takua Pa, das während des Zinnbooms sogar einmal Provinzhauptstadt war. Viele alte Gebäude im chinesischen und sinoportugiesischen Stil künden vom einstigen Reichtum, auch wenn der Zahn der Zeit schon arg an ihnen genagt hat. Die Geschichte des Ortes reicht angeblich sogar fast 2000 Jahre zurück. Unter dem Namen Takola soll er ein bedeutender Hafen gewesen sein, von dem aus Handelsschiffe bis nach Indien und Arabien segelten.

LOW BUDGET

Sie sind rar geworden, die Bambushütten an den Stränden des Südens. In Toplage direkt am Strand:

▶ Ko Samui: Spa Samui Beach (Tel. 077 23 08 55 | www.thesparesorts.net) am Lamai Beach hat noch Bungalows mit Dusche und Ventilator oder Klimaanlage ab 950 Baht.

▶ Phuket: Ao Sane Bungalows (Tel. 076 28 83 06), mit Dusche, liegt in einer der schönsten Buchten (Ao Sane). Ab 250 Baht.

▶ Ko Lanta: Where Else (Mobiltel. 08 15 36 48 70 | www.lanta-where-else.com) am Long Beach, wie aus einem Hippiefilm. Hütten mit Dusche und Ventilator ab 500 Baht.

▶ Ko Jum: Bo Deng Bungalow (Mobiltel. 08 14 94 87 60) am Andaman Beach hat Hütten mit und ohne Dusche ab 150 Baht.

KO LANTA

KO LANTA

(138 A3) (*B16*) **In den 1990er-Jahren war ⭐ Ko Lanta das Rückzugsgebiet für alle, denen Phuket zu voll und Krabi zu eng war.**

Aber Anfang des neuen Jahrtausends setzte ein enormer Bauboom ein. Bambushütten wurden durch komfortable bis luxuriöse Bungalows ersetzt. Im Dorf Ban Saladan, wo die Fährboote anlegen, gibt es Souvenirshops, Schneider, Internetcafés, Reisebüros und Tauchbasen.

Fähren von Ko Phi Phi und Krabi bringen Sie in ca. anderthalb Stunden nach Ko Lanta Yai. Minibusse von Krabi brauchen ca. zweieinhalb Stunden und fahren zweimal auf die Fähre: zuerst zur touristisch uninteressanten Nachbarinsel Ko Lanta Noi und von dort nach Ko Lanta Yai. Ausführliche Informationen finden Sie im MARCO POLO Reiseführer „Krabi/Ko Phi Phi/Ko Lanta".

ESSEN & TRINKEN

In Ban Saladan finden Sie mehrere ins Wasser gepfählte Seafoodrestaurants. Im Bäckerei-Café *Nang Sabai* an der Hauptstraße 1 km außerhalb des Ortes gibt es deutsches Brot und leckere Kuchen. Im **INSIDER TIPP** *Same Same But Different (€–€€)* am Strand der Kantiang Bay wird ausgezeichnete Thai-Küche serviert.

STRÄNDE

Alle Badestrände liegen an der 20 km langen Westküste. Faustregel: Je weiter Sie nach Süden kommen, desto ruhiger wird es. Die beiden letzten Strände in den Buchten von *Klong Jak* und **INSIDER TIPP** *Mai Pai (Bamboo Bay)*, zu denen eine Staubpiste führt, sind vom Tourismus noch fast unberührt: Hier gibt's nur ein paar Bungalowanlagen, der Dschungel reicht bis zum Strand.

FREIZEIT & SPORT

Resorts und Reisebüros bieten Dschungel-, Mangroven- und Schnorcheltouren, Elefantentrekking und Höhlenbesichtigungen an. In Ban Saladan gibt es mehrere Tauchzentren (Übersicht der besten Tauchreviere auf *www.lantainfo.com*). Wenn Sie Touren ins Dorf ☺ *Tung Yee Peng* (Auskunft bei Herrn Yat: Mobiltel. 08 74 18 10 50 | Touren im Reisebüro)

Ganz im Süden wird es ruhig: gepflegtes Abhängen auf Ko Lanta

DER SÜDEN

an der nördlichen Ostküste buchen, unterstützen Sie ein Programm, das auch von den Vereinten Nationen gefördert wird. Die Dorfbewohner wollen den Tourismus in ihren Alltag integrieren, ohne dabei ihre natürliche Umwelt mit Mangrovenwäldern und Küstengewässern zu zerstören. Auf Bootstouren mit den Einheimischen lernen Sie ein Ökosystem kennen, von dem die Insulaner schon seit vielen Generationen leben. In Tung Yee Peng können Sie in einfachen Unterkünften auch übernachten und ins Dorfleben eintauchen.

AM ABEND

Angesagte Treffs am Long Beach sind die *Ozone Bar* und *Funky Fish*. Vor der *Hipobar* am Klong Khon Beach werden Fireshows veranstaltet.

ÜBERNACHTEN

BAMBOO BAY RESORT
Einfache Bungalows in Hanglage, mit Aircondition oder Ventilator. Gutes Restaurant auf den Klippen mit Blick über die einsame Bucht. *22 Zi. | Tel. 075 66 50 23 | www.bamboobay.net | €–€€*

COSTA LANTA
Minimalistisch gestylte Edelbungalows aus Beton und altem Holz unter hohen Kasuarinabäumen. Entweder Sie finden's grässlich, oder Sie sind begeistert. Riesiges Gelände, großer Pool. *22 Zi. | Klong Dao Beach | Tel. 075 66 81 86 | www.costalanta.com | €€€*

LAYANA
Dieses Resort der Edelklasse hält Zimmer in luxuriösen Pavillons bereit. Mit Spa, einem Salzwasserpool mit Meerblick, einem 36 m² großen Open-Air-Jacuzzi und Fitnessraum. Dazu gibt es eine breite Strandfront und viel Grün. *50 Zi. | Long Beach | Tel. 075 60 71 00 | www.layanaresort.com | €€€*

NICE'N EASY HOUSE
Attraktive Minianlage mit klimatisierten Teakholzbungalows und einem kleinen Pool. *9 Zi. | Klong Khon Beach | Mobiltel. 08 68 91 27 64 | www.niceandeasylanta.com | €€*

RELAX BAY RESORT
Rustikale bis gediegene Bungalows mit Aircondition und Ventilator in Hanglage über einer kleinen, abgetrennten Bucht am Südende des Long Beach. Französische und thailändische Küche. *38 Zi. | Long Beach | Tel. 075 68 41 94 | www.relaxbay.com | €€–€€€*

ZIEL IN DER UMGEBUNG

KO JUM ★ ● (138 A2) (*B16*)
Diese 9 km lange Insel (20 km nördlich von Ko Lanta) liegt im Windschatten des Tourismus, bekam aber vom Lanta-Boom auch etwas ab. Hier finden Sie knapp zwei Dutzend kleine Resorts. Auf der Dschungel- und Gummibauminsel (im nördlichen Teil Ko Pu genannt) gibt es nur eine asphaltierte Straße von Nord

81

KO SAMUI

Palmenstrand in Thailands Süden:
Lamai Beach auf Ko Samui

nach Süd, die Strommasten wurden erst 2010 aufgestellt. Im Hauptdorf *Ban* bekommen Sie alles für den täglichen Bedarf. Für die Anreise nehmen Sie die Fähre von Krabi nach Lanta, Longtailboote holen Jum-Besucher dort ab.
New Bungalows (27 Zi. | Andaman Beach | Mobiltel. 08 97 26 26 52 | www.kohjumonline.com/new.html | €) bietet einfache, aber teilweise sehr geräumige Bungalows mit und ohne Dusche. Der Engländer Rai und seine Frau Sao betreiben die angenehme *Woodland Lodge (14 Zi., alle mit Dusche | Andaman Beach | Mobiltel. 08 18 93 53 30 | www.woodland-koh-jum.com | €)* mit ausgezeichneter Küche. In schöner Hanglage befinden sich die *Oon Lee Bungalows (9 Zi. | Kidong Beach | Mobiltel. 08 72 00 80 53 | www.kohjumoonleebungalows.com | €)*. Die Französin Valerie (Lee) und ihr Mann Oon sorgen hier für Wohlfühlatmosphäre und leckeres Essen.
Strandbars mit Lagerfeuer sind die *Freedom Bar* und die *Coco Bar* am Südende des Andaman Beach.

KO SAMUI

(137 E3) (*C14*) **Als riesige Kokospalmenplantage, gekrönt von einem Dschungelberg, präsentiert sich ⭐ Ko Samui, Thailands drittgrößte Insel (47 000 Ew.), beim Anflug auf die Landepiste des rustikalen Flughafens, der auf den ersten Blick wie ein Strandresort aussieht.**
Es grünt überall, Strände und Buchten reihen sich aneinander wie Perlen auf einer Schnur. Ausführliche Informationen finden Sie im MARCO POLO Reiseführer „Ko Samui/Ko Phangan".

SEHENSWERTES

Die 247 km² große Insel lässt sich von der nur 51 km langen Ringstraße aus bequem an einem Tag erkunden. Auf der Rundtour kommen Sie vorbei an zwei berühmten Sehenswürdigkeiten der Insel, die von der Natur erschaffen wurden: *Hin Ta* und *Hin Yai* am südlichen Ende des Strands von Lamai. Der „Groß-

DER SÜDEN

mutterfelsen" und der „Großvaterfelsen" (so die wörtliche Übersetzung) haben die Form von Genitalien und verkörpern der Legende nach ein Ehepaar, das hier vor der Küste Schiffbruch erlitt und versteinert wurde. Viel buntes Leben sehen Sie am *Natien Beach* in der *Schmetterlingsfarm (Eintritt 200 Baht)* und im *Samui Aquarium (Eintritt 750 Baht)*.

Machen Sie im Süden der Insel unbedingt einen Abstecher hinauf in die Berge zum INSIDER TIPP *Tamin Magic Buddha Garden (Eintritt 80 Baht)*. Dort erwartet Sie eine Zauberwelt mit verwitterten Buddhastatuen in einer mit Felsen durchsetzten Dschungellandschaft. Lohnend ist auch die Fahrt zum Wahrzeichen der Insel, dem 15 m hohen *Big Buddha*, und zu den Wasserfällen *Hin Lad* und *Namuang*. Im Fischerdorf *Hua Thanon* im Südosten können Sie Boote sehen, die mit Schnitzereien verziert und bunt bemalt sind.

ESSEN & TRINKEN

Oft wird Thai-Küche an Imbissständen wie z. B. im *Lamai Food Center* oder in den einfachen Lokalen besser (und preiswerter) zubereitet als in den nur auf Touristen ausgerichteten Restaurants. Am Chaweng Beach stellen viele Resorts abends Tische und Stühle auf den Strand und grillen Seafood auf Holzkohlenfeuern. Feinschmeckerlokale sind z. B. das *Eat Sense (Chaweng Beach | Tel. 077 41 42 42 | www.eatsensesamui.com | €€€)* und das trendige INSIDER TIPP *The Cliff (Ringstr. zwischen Chaweng und Lamai Beach | Tel. 077 44 85 08 | www.thecliffsamui.com | €€€)*.

STRÄNDE

Die meisten Resorts und auch die beste Infrastruktur mit vielen Restaurants finden Sie am ● *Chaweng Beach,* dem schönsten von allen, sowie am Strand von *Lamai* an der Ostküste der Insel. Kleine Oasen der Ruhe sind dort die Buchten von *Thong Sai, Choeng Mon, Chaweng Noi, Coral Cove* und *Na Khai*. Ebenfalls noch frei von übermäßigem touristischem Rummel sind die Strände *Mae Nam, Bo Phut* und *Big Buddha* an der Nordküste. Der Süden und der Westen von Ko Samui sind noch kaum erschlossen. Dort sind die Strände nicht sehr attraktiv, und das flache Wasser ist nur bedingt zum Schwimmen geeignet.

FREIZEIT & SPORT

Alle Arten von Wassersport stehen auf Ko Samui zur Auswahl, wobei Sie das größ-

Auf höherer Ebene: Big Buddha, das Wahrzeichen von Ko Samui

KO SAMUI

te Angebot am Chaweng Beach und am Lamai Beach finden (Links zu Tauchbasen auf *www.kohsamui.org*).

Minigolfanlagen finden Sie am Chaweng Beach und an der Straße vom Choeng Mon zum Big Buddha Beach. Wer richtige Golfbälle einlochen möchte, kann auf vier Plätzen den Schläger schwingen *(www.samui.sawadee.com/golf)*.

AM ABEND

Der Chaweng Beach ist das Nightlifezentrum der Insel. Der *Reggae Pub* ist schon Legende. Im *Green Mango (www. thegreenmangoclub.com)* tanzen die Clubber unter freiem Himmel. Nebenan gibt es Bier- und Go-go-Bars. Hipper sind die *Mintbar* und die *Q Bar (www. qbarsamui.com)*. Travestieshows sind in *Christy's Cabaret* und im *Starz Cabaret* zu sehen. Schaumpartys Mo und Fr im *Bauhaus* am Lamai Beach.

ÜBERNACHTEN

EDEN BUNGALOWS

Familiäre Anlage mit Pool im Tropengarten. Die mit Aircondition, Minibar und TV ausgestatteten Zimmer befinden sich in Bungalows oder im Thai-Haus. Zwei Minuten vom Strand entfernt. *15 Zi. | Bo Phut Beach | Tel. 077 42 76 45 | www. edenbungalows.com | €€*

INSIDER TIPP L'HACIENDA

Charmantes Boutiquehotel unter französischer Leitung mit mediterranem Flair und asiatischem Touch. Individuell gestaltete Balkonzimmer mit TV, Kühlschrank, Aircondition. Toller Blick auf den Strand vom kleinen Pool auf dem Dach. Das *Hacienda Suite* nebenan steht unter dem gleichen Management. *8 Zi. | Beach Road | Tel. 077 24 59 43 | www.samuihacienda.com | €€–€€€*

HARRY'S BUNGALOWS

Die familiäre Anlage liegt am nördlichen Ende des Mae Nam Beach nahe dem Pier für Fähren nach Ko Phangan. Hier finden Sie viel Grün und viel Ruhe. Die klimatisierten Bungalows haben TV und Kühlschrank. *22 Zi. | Tel. 077 24 74 31 | www. harrys-samui.com | €*

INSIDER TIPP LAMAI PERFECT RESORT

Das Resort bietet ein ausgezeichnetes Preis-Leistungs-Verhältnis. Die Gäste wohnen in gepflegten, geräumigen Zimmern mit TV, Klimaanlage und Kühlschrank. Sie können im Pool planschen, aber auch zum Strand sind es nur zwei Minuten zu Fuß. *30 Zi. | Lamai Beach | Beach Road | Tel. 077 42 44 06 | www. lamaiperfectresort.com | €*

THE LIBRARY

Cooles Designhotel: Die Luxuszimmer liegen in weißen Quadern, der Pool ist rot gekachelt und rundherum gibt's viel Grün. Beim Frühstück können Sie es sich hier direkt am Strand auf weißen Komfortmatten bequem machen. *26 Zi. | Chaweng Beach | Tel. 077 42 27 67 | www. thelibrary.co.th | €€€*

AUSKUNFT

TOURISM AUTHORITY OF THAILAND

Nathon | Chonvithee Road | nahe der Post | Tel. 077 42 05 04

ZIELE IN DER UMGEBUNG

ANG-THONG-NATIONALPARK

(137 E3) *(C13–14)*

Der Archipel von 40 unbewohnten Inseln zwischen Samui und dem Festland ist schön zum Schnorcheln. Reisebüros bieten Tagestouren an. Am interessantesten ist eine Erkundung des Meeresparks mit dem Kajak.

DER SÜDEN

KO PHANGAN (137 E3) (*C13–14*)
Ko Samuis Nachbarinsel (191 km²) ist ein bergiger Dschungel im Meer mit feinsandigen Stränden und kleinen Buchten. Lange waren hier die Rucksack- und den *Rin Beach* lockt. Aber auch zu Neumond, Halbmond und fast an allen anderen Tagen ist irgendwo Partytime auf der Insel, zu der die Fähren von Ko Samui in ca. 30 Minuten übersetzen.

Nur kein Stress: beschauliches Inselleben auf Ko Phangan

die Kifferszene unter sich, aber inzwischen hat auch der ganz alltägliche Tourismus die Insel erobert. Immer mehr klimatisierte Bungalows verdrängen die alten Palmlaubhütten, Edelresorts mit Pool und Spa stehen für betuchte Urlauber bereit.
Topadresse ist das *Santhiya (98 Zi. | Thong Nai Pan Noi Beach | Tel. 077 42 89 99 | www.santhiya.com | €€€)*. Preiswertere Unterkünfte finden Sie noch an allen Stränden, wie z. B. das angenehme Resort *Phangan Rainbow (25 Zi. | Ban Tai Beach | Tel. 077 23 82 36 | www.rainbowbungalows.com | €)*.
Legendär ist die *Full Moon Party (www.fullmoon.phangan.info)* auf Ko Phangan, die monatlich Tausende von Partyfans an

KO TAO (137 E2) (*C13*)
Rund um die ehemalige Strafkolonie finden Taucher die besten Unterwasserreviere im Golf von Thailand. Über 30 Tauchshops haben sich auf der 21 km² großen Insel angesiedelt.
Ko Tao ist ein grüner Bergrücken im Meer und lockt vor allem junges Publikum an. Hier gibt es ein paar Edelresorts – beispielsweise die *Woodlawn Villas (8 Zi. | nahe dem Sai Ri Beach in einem Park | Mobiltel. 08 44 45 96 72 | www.woodlawnvillas.com | €€€)* – und viele einfache Unterkünfte an den Hauptstränden von *Mae Hat* und *Sai Ri* und in kleinen Buchten. Fähren setzen von Chumphon auf dem Festland und von Ko Samui (via Ko Phangan) über.

KRABI

(138 A1–2) *(B15–16)* **Die Festlandprovinz Krabi, östlich von Phuket gelegen, wartet mit dem landschaftlich wohl schönsten Küstenstreifen in ganz Thailand auf.**

Gewaltige Kalksteinmassive flankieren die Topstrände von Phra Nang und Railay, die nur mit dem Boot zu erreichen sind – vom Hauptstrand Ao Nang aus schippern Sie in ca. 15 Minuten dorthin. Weil sie allerdings nur ein paar Hundert Meter lang sind, herrscht in der Hochsaison ziemliches Gedränge am Wasser. Wesentlich ruhiger geht es dagegen an den Stränden von Klong Muang, Noppharat Thara und Tup Kaek sowie in der Ton Sai Bay zu.

Ausführliche Informationen finden Sie im MARCO POLO Reiseführer „Krabi/Ko Phi Phi/Ko Lanta".

SEHENSWERTES

KRABI TOWN

Diese gemütliche Provinzhauptstadt (26 500 Ew.) liegt schön an der Mündung des Krabi River. Es gibt einfache Gästehäuser und ein paar Hotels, aber noch herrscht kein Touristenrummel. Am Flussufer mitten im Zentrum können Sie Longtailboote chartern und die Mangrovenwelt am anderen Ufer erforschen. Von der Hauptstraße Uttarakit Road, gegenüber des Grand Mansion Hotels, zweigt der ● **INSIDER TIPP** *Mangrove Forest Walkway* ab. Der Holzsteg führt ca. 400 m durch einen Mangrovenwald auf der Stadtseite des Krabi River.

PHRA NANG CAVE UND PRINCESS LAGOON

In der ● *Phra Nang Cave (Eintritt frei)* am gleichnamigen Strand steht ein Schrein mit gewaltigen Phalli aus Holz. Opfer-

Geschmückte Boote im kristallklaren Wasser des Phra Nang Beach

DER SÜDEN

gaben sollen Kindersegen und sonstiges Glück bescheren. Nach beschwerlichem Aufstieg gelangt man auf die Spitze des 150 m hohen ☀ Felsenbergs und schaut hinab in die *Princess Lagoon,* die sich bei Flut mit Meerwasser füllt.

INSIDER TIPP ▶ WAT TAM SUA ☀

Wat Tam Sua (Tempel der Tigerhöhle) ist ein Felsenkloster ca. 6 km außerhalb von Krabi-Stadt. Den Berg, in dessen Höhlen das Kloster teilweise integriert ist, können Sie über 1272 extrem steile Stufen erklimmen. Die Aussicht ist jeden Schweißtropfen wert.

ESSEN & TRINKEN

Die beste Auswahl an Restaurants hat man am Ao Nang Beach, der von Krabi Town aus mit Bussen zu erreichen ist. Seafoodlokale reihen sich in der *Soi Sunset* aneinander, direkt am schmalen Nordende des Strandes. Idyllisch gelegen ist das *Last Café* am Südende des Ao Nang Beach.

FREIZEIT & SPORT

Für Wassersportfans werden Kanutouren und Tauchgänge angeboten (Liste und Links zu Tauchbasen auf *www.aonang. de).* Kletterer hangeln sich die Kalksteinmassive hoch – Anfängerkurse gibt's am Phra Nang Beach, am Railay East und in der Ton Sai Bay (Infos z. B. auf *short. travel/tai5*).

AM ABEND

Für ihr Nachtleben sind die Krabi-Strände nicht berühmt. Traveller treffen sich abends in den Kneipen am Railay East und in der *Freedom Bar* in Ton Sai. Dort steigen auch Beachpartys, und der volle Mond wird ausgiebig gefeiert.

ÜBERNACHTEN

INSIDER TIPP ▶ AO NANG GARDEN HOME

Das gibt es noch am Ao Nang Beach: Bungalows mit viel Platz drum herum (großer Garten mit alten Bäumen). Schlichte, geräumige Zimmer mit Kühlschrank und Ventilator oder Aircondition. Ca. 15 Gehminuten zum Strand. *20 Zi. | Ao Nang Road, Soi 13 | Tel. 075 63 75 86 | www.krabidir.com/aonanggarden | €*

MOUNTAINVIEW RESORT

Zweckmäßige Bungalows mit Klimaanlage oder Ventilator in einem Wäldchen hinter dem Strand, der in fünf Minuten zu erreichen ist. *56 Zi. | Ton Sai Beach | Tel. 075 66 07 25 | www. krabimountainviewresort.com | €–€€*

NAKAMANDA

Purer Luxus in einer Wohlfühloase: Diese Anlage mit Edelbungalows ist eingebettet in viel Grün mit altem Baumbestand. Ultimativer Komfort in den 315 m² großen Villen mit eigenem Pool. Spa und Schwimmbecken für alle Gäste. *39 Zi. | Klong Muang Beach | Tel. 075 62 82 00 | www.nakamanda.com | €€€*

RAILEI BEACH CLUB

Ein wahres Refugium an den von vielen Tagestouristen heimgesuchten Railay-Stränden. Die Privathäuser in einem großen Park am weißsandigen Railay West werden an Urlauber vermietet. *30 Zi. | Mobiltel. 08 66 85 93 59 | www. raileibeachclub.com | €€€*

SOMKIET BURI RESORT

Ein absolutes Juwel: doppelstöckige Komfortbungalows in einem herrlichen Tropengarten mit Pool unter einem hohen Kliff. Ca. zehn Minuten zum Strand. *26 Zi. | Ao Nang Beach | Tel. 075 63 79 90 | www.somkietburi.com | €€€*

87

PHUKET

AUSKUNFT

TOURISM AUTHORITY OF THAILAND
Krabi | Utarakit Road | Tel. 075 62 21 64

PHUKET

(136 C5–6) (⌀ B15–16) **Auf ⭐ Phuket, Thailands größter Insel (543 km²), erwarten Sie Topstrände im Dutzend.**
Außerdem gibt es hier eine abwechslungsreiche Landschaft, eine lebhafte Provinzhauptstadt und ein vielfältiges Freizeitangebot. Kein Wunder also, dass Phuket (320 000 Ew.) zu Südostasiens Urlaubsinsel Nr. 1 geworden ist.
Ausführliche Informationen finden Sie im MARCO POLO Reiseführer „Phuket".

SEHENSWERTES

BIG BUDDHA ●
Der 45 m hohe Buddha auf dem Berg *Nagarked* ist der höchste Thailands und das neue Wahrzeichen der Insel. Die Anlage wird ausschließlich mit Spendengeldern errichtet. Ihre Fertigstellung wird zwar noch Jahre dauern, aber der Besuch ist jetzt schon ein Muss. Von oben bietet sich ein prächtiger Ausblick auf die Ostküste. *Eintritt frei | Kurz hinter Chalong an der Straße zum Flughafen (ausgeschildert)*

KAO-PHRA-THAEO-NATURRESERVAT
Der letzte Rest ursprünglichen Dschungels im Norden der Insel. Ein Wanderpfad führt zu Wasserfällen. Im ⏱ *Gibbon Rehabilitation Center (www.gibbonproject. org)* werden als Haustiere missbrauchte Gibbons auf ein Leben in Freiheit vorbereitet.

KAP PROMTHEP
Vom südlichsten Punkt der Insel machen Busladungen von Touristen Fotojagd auf die untergehende Sonne. Gehen Sie lieber hinauf ins *Promthep Cape Restaurant (Tel. 076 28 80 84 | €€)* und genießen Sie die Aussicht bei einem Cocktail „Phuket Paradise". Den besten Rundblick haben Sie vom ● *Leuchtturm (Eintritt frei)* auf dem Kap. Im Innenraum sind Seekarten, Schiffsmodelle und Sextanten ausgestellt.

MANGROVENDSCHUNGEL
Am *Mai Khao Beach* ganz im Norden können Sie im *Sirinat-Nationalpark (www. dnp.go.th)* auf einem Plankensteg durch ein Stück Mangrovenwald wandern.

PHUKET AQUARIUM
Haie, riesige Barsche, kleine Fische – und Sie sind mittendrin (im Glastunnel)! Die Flora und Fauna aus den Gewässern um Phuket ist hier aus nächster Nähe zu sehen. *Eintritt 100 Baht | nahe Phuket Town/Kap Phan Wa | www. phuketaquarium.org*

PHUKET TOWN
Im Zentrum der Stadt (70 000 Ew.) stehen noch viele Bauten im sinoportugiesischen Stil, die an die vergangene Zeit der Gummi- und Zinnbarone erinnern.

ESSEN & TRINKEN

INSIDER TIPP ▶ CHINA INN CAFE
In diesem restaurierten Stadthaus mit Innenhof schmecken Thai-Küche und Cappuccino besonders gut. *Phuket Town | 20 Thalang Road | Tel. 076 35 62 39 | www.phuket.com/magazine/china-inn-cafe.htm | €–€€*

KA JOK SI
Hervorragende Thai-Küche in einem alten Stadthaus mit Atmosphäre. *Phuket Town | 26 Takua Pa Road | Tel. 076 21 79 03 | €€*

88 www.marcopolo.de/thailand

DER SÜDEN

Beim Parasailing am Patong Beach vergeht die Zeit wie im Flug

MOM TRI'S KITCHEN

Hoch über dem Meer zwischen Kata und Kata Noi wird eine köstliche Kombination von thailändischer und mediterraner Küche serviert. *12 Kata Noi Road | Tel. 076 33 35 69 | www.momtriphuket.com | €€€*

EINKAUFEN

Das größte Shoppingcenter der Insel ist das *Jungceylon (www.jungceylon.com)* mit einem Kaufhaus, vielen Läden und Restaurants am Patong Beach. Ein weiteres großes Einkaufszentrum, das *Central Festival (www.centralfestivalphuket.com)*, präsentiert an der Straße von Phuket Town nach Patong sein Angebot auf 120 000 m² Verkaufsfläche.

STRÄNDE

Der am besten erschlossene Strand, aber ein echter Rummelplatz ist der *Patong Beach* mit seinen Hotelburgen. Nicht ganz so lebhaft geht es an den Stränden von *Karon* und *Kata* zu. Relativ ruhig sind die Strände von *Ao Sane, Bang Tao, Kamala, Karon Noi, Kata Noi, Nai Harn, Nai Yang, Naithon, Pansea* und *Surin*.

FREIZEIT & SPORT

Hier gibt es alle Arten von Wassersport. Phuket ist Thailands Zentrum für Tauchtourismus, da die Wasserqualität in der Andaman-See generell besser ist als im Golf von Thailand (Links zu Tauchbasen: *www.tauchbasen.net*). Man kann auch Gokart fahren (an der Straße zwischen Patong und Phuket Town), Minigolf spielen (Patong, Kata), Golfen (mehrere Plätze), Schießen und Reiten (Chalong). Und bei Regen können Sie sich in Phuket Town mit Bowling fit halten, z. B. bei
● *Pearl Bowling (Montri Road | beim Pearl Hotel | Tel. 076 21 14 18)*.

AM ABEND

Der Patong Beach mit unzähligen Bars ist die Hochburg des Nachtlebens. Opu-

89

PHUKET

lente Travestieshows zeigt das *Simon Cabaret (www.phuket-simoncabaret. com)*. Eine Disko mit Klasse ist *Seduction (www.seductiondisco.com)*. Der gigantische Themenpark *FantaSea (Eintritt ab 1500 Baht | www.phuket-fantasea.com)* am Kamala Beach lockt mit seinem märchenhaften Kostümspektakel. Riesig auch die Folkloreshow mit schwimmendem Markt im *Siam Niramit Phuket (Eintritt ab 1500 Baht | Chalermprakiet Road (Bypass Road) | www.siamniramit.com)*. Angesagter Treff in Phuket Town ist das *Timber Rock (Mo–Sa ab 21 Uhr | 118 Yaowaraj Road)*.

ÜBERNACHTEN

Nur wenige Resorts liegen direkt am Strand. Vor allem für die Zeit um den Jahreswechsel sollten Sie unbedingt rechtzeitig buchen.

INSIDER TIPP ▶ BAIPHO

Dieses Boutiquehotel ist ein kleines Juwel. Der Schweizer Modefotograf Rudi Horber hat jedes einzelne der komfortablen Zimmer zum Gesamtkunstwerk durchgestylt. *19 Zi. | 205/2–13 Rat Uthit 200 Pee Road | beim Hotel Montana Grand | Tel. 076 29 20 74 | www.baipho. com | €€*

KATA GARDEN RESORT

Schöne Gartenanlage mit Pool auf dem Hügel zwischen Kata und Karon Beach (ca. zehn Minuten zu den Stränden). Zimmer mit Ventilator oder Klimaanlage, teils mit TV, Kühlschrank, Küche. *63 Zi. | 32 Karon Road | Tel. 076 33 06 27 | www. katagardenphuket.com | €€–€€€*

ROYAL PHUKET CITY

Das beste Haus in Phuket Town ist ein guter Ausgangspunkt, um die Insel zu erkunden. Das Preis-Leistungs-Verhältnis ist deutlich besser als an den Stränden. Pool, Fitnesscenter, Sauna, Spa. Café mit Konditorei. *251 Zi. | Phang Nga Road | nahe dem Zentrum | Tel. 076 23 33 33 | www.royalphuketcity.com | €€–€€€*

TWIN PALMS

Elegante Architektur und luxuriöse Zimmer – einige mit kleinem Pool, von dem man in den großen Swimmingpool krau-

BÜCHER & FILME

▶ **Geschichten aus Thailand** – Günther Ruffert lebt seit vielen Jahren im Land. Mit Humor und Beobachtungsgabe erklärt er die so andersartige Denk- und Lebensweise der Thais

▶ **Nana Plaza** – Ein Barviertel in Bangkok gab diesem Krimi von Christopher Moore den Titel. Dort und an anderen Originalschauplätzen geht's rein in die Unterwelt. Spannend und mit viel Lokalkolorit

▶ **The Beach** – Danny Boyle verfilmte dieses Aussteigerdrama (2000) mit Leonardo Di Caprio u. a. auf der Insel Phi Phi Le. Ziemlich abstruse Story, aber wunderschöne Landschaftsaufnahmen

▶ **Ong-Bak** – In Thailand ist er ein absoluter Superstar: Tony Jaa, Schauspieler und Kickboxer. Prachya Pinkaew drehte diesen Kultstreifen (2003). Tony kämpft sich durch Bangkok auf der Jagd nach einem gestohlenen Buddhakopf

DER SÜDEN

Ko Phi Phi: Dschungelberge, weiße Strände – die schönsten Inseln Thailands

len kann. Dienstag und Freitag exzellentes BBQ im chilligen INSIDER TIPP *Catch Beach Club* (www.catchbeachclub.com). 76 Zi. | Surin Beach | Tel. 076 316500 | www.twinpalms-phuket.com | €€€

AUSKUNFT

TOURISM AUTHORITY OF THAILAND
Phuket Town | 191 Thalang Road | Tel. 076 2210362

ZIELE IN DER UMGEBUNG

KO PHI PHI ★ (136 C6) (*M* B16)

Ein Dschungelberg im azurblauen Meer, hohe Kalksteinklippen und schneeweiße Strände – das ist Phi Phi. Der Tsunami 2004 verwandelte das Inseldorf in ein Trümmerfeld. Aber inzwischen ist wieder alles da – Bungalows, Kneipen, Shops, Tauchbasen, Internetcafés –, und es ist voller denn je. Nach Phi Phi schippern in der Saison viele Tagestouristen von Phuket und Krabi. Sie strömen ins Dorf der Hauptinsel *Phi Phi Don*, schnorcheln im glasklaren Wasser und gucken sich das unbewohnte, dramatisch schöne *Phi Phi Le* an, wo Leonardo Di Caprio im Film „The Beach" durch Puderzuckersand stapfte. Zimmer gibt es viele, aber das Preis-Leistungs-Verhältnis auf der boomenden Partyinsel ist alles andere als gut. Eine Ausnahme am Dorfrand, wo es noch einigermaßen ruhig ist: *Garden Inn Bungalow (9 Zi. | Mobiltel. 08 17874351 | www.krabidir.com/gardeninnbungalow | €–€€)*. Ausführliche Informationen finden Sie im MARCO POLO Reiseführer „Krabi/Ko Phi Phi/Ko Lanta".

BUCHT VON PHANG NGA ★
(136 C5) (*M* B15)

Bizarr geformte Kalksteininseln ragen bis zu 300 m hoch aus dem Meer. Berühmt ist *James Bond Island,* wo eine Szene für „Der Mann mit dem goldenen Colt" gedreht wurde. Hier können Sie außerdem Tropfsteinhöhlen und das Insel-Pfahldorf *Ko Pannyi* besichtigen. Touren in diese traumhafte Bucht sind in jedem Reisebüro zu buchen.

AUSFLÜGE & TOUREN

Die Touren sind im Reiseatlas, in der Faltkarte und auf dem hinteren Umschlag grün markiert

1. ALTE KULTUR UND WILDE NATUR

Im Norden können Sie auf den Spuren der alten Könige wandeln und das Bergland an der Grenze nach Myanmar erforschen. Da einige Abstecher über Pistenstraßen führen, sollten Sie ein Allradfahrzeug mieten. Planen Sie für die ca. 1200 km lange Strecke mindestens sieben Übernachtungen ein – und nehmen Sie eine warme Jacke mit!

Ausgangspunkt ist die Metropole des Nordens, **Chiang Mai → S. 56**. Auf dem Hwy. 106 Richtung Süden gelangen Sie nach **Lamphun → S. 60**. Dort nehmen Sie den Hwy. 11 Richtung Lampang. Nach weniger als einer halben Stunde erreichen Sie die Abzweigung zum *Thai Elephant Conservation Center (tgl. ab 8 Uhr | Kosten 3500 Baht | www.thailandelephant.org)* – hier können Sie sogar an einem **INSIDER TIPP** Training als Elefantenführer teilnehmen.

In **Lampang** (45 000 Ew.), 100 km südöstlich von Chiang Mai, können Sie eine Stadtrundfahrt in einer bunt bemalten Pferdekutsche machen und dabei Tempel und alte Teakholzhäuser betrachten. Danach führt der Hwy. 11 von Lampang durch Reisbauernland weiter nach Südosten, bis er nach ca. 80 km auf den Hwy. 101 trifft. Biegen Sie rechts ab in Richtung Sukhothai. Im Geschichtspark von **Si Satchanalai → S. 55** zeugen Tempelruinen von der großen Vergangenheit dieses Or-

Bild: Sukhothai

Berge, Inseln, Dschungel: Abenteuerroute im Norden, Bootstrip durch die blaue See des Südens und Entdeckungen im Nationalpark

tes. Nach einem Stopp im **Keramikmuseum von Sawankhalok** erreichen Sie **Sukhothai → S. 54**, einst die erste Residenz eines Thai-Königreichs.

Wenn Sie auf dem Hwy. 12 nach Westen weiterfahren, sehen Sie in der Ferne schon die Berge. Die Provinzhauptstadt **Tak** (25 000 Ew.) hat außer der Statue von König Taksin (1734–82) nicht viel zu bieten. Hinter Tak können Sie einen Abstecher (50 km Richtung Norden) zum von Bergen eingerahmten **Bhumibol-Staudamm** machen. Auf dem Hwy. 105

geht es weiter in die 40 000-Einwohner-Stadt **Mae Sot**, die nur 6 km von der Grenze zu Myanmar entfernt liegt. Dort glitzert es an jeder Ecke: Mae Sot ist ein Zentrum für den Edelsteinhandel. Einen bunten Markt können Sie auch direkt am Grenzfluss Moei besuchen. Das beste Hotel der Stadt (mit Pool) ist das *Mae Sot Hill (120 Zi. | 100 Asia Road | 2 km nordöstlich vom Zentrum | Tel. 055 53 26 01 | www.centralhotelsresorts.com | €€)*. Zentral liegt das einfache, saubere *DK Hotel (28 Zi. mit Aircondition oder Ven-*

93

tilator | 298 Intarakeeree Road | Tel. 055 54 26 48 | €). Mae Sot ist Ausgangspunkt für Trekking- und Raftingtouren in der Region Umphang 150 km weiter südlich. Infos bei *Max One Tour (296/2 Intarakeeree Road | Tel. 055 54 29 42 | www.maxonetour.com)*.

Von Mae Sot Richtung Norden folgt der Hwy. 105 dem Grenzfluss. Jenseits der Grenze kam es in der Vergangenheit immer wieder zu Gefechten zwischen Regierungstruppen und Rebellen. Inzwischen hat sich die Lage jedoch beruhigt, informieren Sie sich aber vorsichtshalber vor Ort über den aktuellen Stand der Dinge. Nach 114 km erreichen Sie das kleine Dorf **Mae Salid** (auch Mae Sarit). Hier haben Sie das Gefühl, im Niemandsland zu sein, und wenn Ihnen das gefällt, können Sie im *Mae Salid Guesthouse (Tel. 055 53 14 09 | €)* übernachten. In Mae Salid zweigt eine Pistenstraße ab nach **Mae Ramoeng**, 32 km kurvt sie steil hinauf in die Berge. Wohnen können Sie in den schön gelegenen Holzbungalows des *Monkrating Resort (€)*. Da hierher oft tagelang keine Besucher kommen, erkundigen Sie sich vorher bei *Max One Tour* in Mae Sot nach der aktuellen Lage.

Auch auf der 115-km-Strecke von Mae Salid nach **Mae Sariang** (8000 Ew.) werden Ihnen nicht viele Fahrzeuge begegnen. Schön am Yuam-Flüsschen liegt das für diese Gegend geradezu luxuriöse *Riverhouse Resort (44 Zi. | 6 Langpanich Road | Tel. 053 68 30 66 | www.riverhousehotels.com | €€)*, ein paar Meter weiter das einfachere *Riverhouse Hotel (12 Zi. | Tel. 053 62 12 01)*.

Eine Stichstraße führt 44 km nach Westen bis INSIDERTIPP **Mae Sam Laep** am Fluss Salween, der hier die Grenze zu Myanmar markiert. Das abenteuerliche Nest mit seinen in die Uferböschung gepfählten Holzhäusern lebt vom Handel und vom Schmuggel. Falls Sie Wild-West-Atmosphäre in Fernost schnuppern wollen, gibt es keinen besseren Ort. Zudem können Sie eine kleine Bootstour auf einem Dschungelfluss unternehmen.

Statt Liegestuhl am Strand: Klettern in der Tropfsteinhöhle Tham Lot

AUSFLÜGE & TOUREN

Auf dem Hwy. 108 sind es von Mae Sariang bis Mae Hong Son 165 km. Auch diese schmale Straße schlägt Haken wie ein Hase. Etwa auf halbem Weg können Sie sich in dem netten Marktstädtchen **Khun Yuam** stärken. Kurz hinter dem Ort zweigt rechts die Pistenstraße Nr. 1263 ab zu den drei Wasserfällen **Mae Yuam Luang** (nach 15 km), **Mae Ankhoe** (nach 25 km) und **Mae Surin** (nach 37 km). Besonders schön ist diese Bergwelt im November, wenn überall Sonnenblumen blühen.

Zwischen **Mae Hong Son → S. 62** und Soppong (70 km) fahren Sie auf dem Hwy. 1095 wieder Achterbahn durch die Berge. Bevor es aber richtig aufwärts geht, können Sie 17 km hinter Mae Hong Son in der **Tham Pla** („Fischhöhle") große Karpfen mit Gemüseschnipseln füttern. **Soppong** ist ein lebhafter Ort, in den viele Angehörige der Bergvölker zum Einkaufen kommen. Auch von hier aus können Sie schöne Wanderungen zu den Bergdörfern unternehmen. Infos gibt's in den Gästehäusern. Spektakulär über der Schlucht liegt das **INSIDER TIPP** *Soppong River Inn* (Tel. 053 617107 | www.soppong.com | €–€€). Die Zimmer sind mit Klimaanlage und Ventilator ausgestattet, ebenso wie die des *Little Eden* (Tel. 053 6170 54 | www.littleedenguesthouse.com | €–€€), das sogar einen kleinen Pool besitzt.

Keinesfalls versäumen sollten Sie die 500 m lange Tropfsteinhöhle **Tham Lot → S. 65** 8 km nördlich von Soppong hinter dem Dorf Ban Tham. Die beste Informationsquelle für Touren in dieser höhlenreichen Gegend ist der Australier John Spiess. Er betreibt nahe der Tham Lot das Resort **Cave Lodge → S. 65** mit schlichter Unterkunft und gutem Essen.

Das Städtchen **Pai → S. 65**, 45 km hinter Soppong am Hwy. 1095, hat sich zu einem Zentrum für Trekking und Rafting auf dem Pai River entwickelt. Die restlichen 130 km zurück nach Chiang Mai sind wieder eine Berg- und Talfahrt, bis der Hwy. 1095 schließlich im breiten Tal des Ping-Flusses auf den Hwy. 107 trifft.

DIE INSELWELT DER ANDAMAN-SEE

Wie grüne Smaragde auf blauem Samt liegen südöstlich von Phuket viele Inseln in der Andaman-See – ein Paradies für Inselspringer. Mit Fährbooten dauert keine der einzelnen Etappen länger als ca. anderthalb Stunden. Dennoch: Insgesamt fünf Tage sollten Sie sich für diese Rundreise (100 km zu Wasser und 200 km zu Land) schon gönnen.

Durch die blaue See pflügen täglich viele Fähren von **Phuket → S. 88** nach **Ko Phi Phi → S. 91**. An Bord sind vor allem Tagesausflügler, aber nicht wenige bereuen es, dass sie sich für dieses Inseljuwel (28 km^2, bis zu 500 m hohe Berge) nicht mehr Zeit genommen haben. Zwar stürmen zur Mittagszeit Besuchermassen das Inseldorf **Laem Trong**, aber danach herrscht kein Gedränge mehr auf der von Läden, Tauchbasen und Restaurants gesäumten (einzigen) Hauptstraße. Vom **Viewpoint** sehen Sie eines der beliebtesten Ansichtskartenmotive Thailands: die Zwillingsbuchten von **Ton Sai** und **Lo Dalum**, die nur durch einen schmalen Palmenhain voneinander getrennt sind.

15 Bootsminuten entfernt liegt das unbewohnte **Ko Phi Phi Le** wie eine Felsenburg im tintenblauen Meer. Dort klettern in der **Viking Cave** Schwalbennestsammler an Bambusstangen in schwindelerregende Höhen. Die **Maya Bay** ist der schönste Kessel der Welt: 200 m hohe Kalksteinwände bilden ein weites Rund. Unbewohnt ist auch der Winzling **Ko Pai**

mit seinem Bambuswäldchen und einem Strand ohne Tagestouristen.

Auf **Ko Lanta → S. 80**, anderthalb Bootsstunden entfernt, sind die Strände nicht so weiß, das Wasser leuchtet nicht ganz so blau, aber dafür finden Sie hier kilometerlange Strände und noch ziemlich viel Ruhe. Mit einem gemieteten Motorrad, einem öffentlichen Minibus *(songthaeo)* oder einem gecharterten *longtail*, einem offenen Motorboot, können Sie die anderen Strände der ca. 20 km langen Westküste ansteuern.

Die Fähre von **Ban Saladan** auf Lanta nach Krabi auf dem Festland hält ca. eine Stunde nach dem Ablegen auf offener See. Rechts sehen Sie einen langen grünen Hügel im Meer: **Ko Jum → S. 81**. Steigen Sie in eines der Boote, die längsseits kommen, und fahren Sie auf dieses Dschungeleiland, das wie geschaffen ist für Einsamkeit auf Zeit. Unterkunft finden Sie in einfachen Resorts, himmlische Ruhe gibt's gratis dazu.

Von Ko Jum nimmt die Fähre wieder Kurs aufs Festland. In **Krabi → S. 86** sollten Sie die von hohen Klippen eingerahmten Traumstrände von **Phra Nang** und **Railay** sehen. Ein besonderes Erlebnis ist eine Paddeltour entlang der Klippen zwischen Ao Nang und Railay. Im Hinterland von Krabi wird eine Kanutour durch Mangrovendschungel auf dem Gezeitenfluss **Klong Heng** Naturliebhaber begeistern.

Von Krabi fahren klimatisierte Busse in ca. zwei Stunden nach **Phang Nga**. Die kleine Provinzstadt ist Ausgangspunkt für Bootstouren durch die gleichnamige Bucht **→ S. 91** mit ihren spektakulären Felsenbergen, die steil aus dem Meer ragen. Am Busbahnhof befindet sich das Büro von *Sayan Tour (Tel. 076 43 03 48 | www.sayantour.com)*. Hier können Sie eine Bootstour buchen und sogar eine Übernachtung im Muslimdorf **Ko Pannyi**, das auf Pfählen an einen Felsen im Meer gebaut ist. Falls Sie im verschlafenen Phang Nga übernachten wollen, haben Sie keine große Auswahl. Gemütlich ist das **INSIDER TIPP** *Baan Phangnga (16 Zi. | Petchakasem Road | Tel. 076 41 32 76 | €)*, das eine eigene Konditorei hat. Am Pier von **Tha Dan** können Sie ein Boot chartern und die Bucht erkunden. In geradezu märchenhafter Schönheit präsentiert sich die bizarre Inselwelt bei Sonnenaufgang, wenn sich die Berge und Felsnadeln wie graue Riesen aus dem Meer erheben. Zurück nach Phuket fahren Busse den ganzen Tag über in ca. anderthalb Stunden.

3 IM DSCHUNGEL DER GIGANTENBLUME

Der Khao-Sok-Nationalpark ist das größte Dschungelgebiet Südthailands. Erkunden Sie ein immergrünes Paradies, in dem die größte Blume der Welt blüht. Von Phuket aus erreichen Sie den 160 km entfernt gelegenen Park in weniger als drei Stunden. Planen Sie mindestens eine Übernachtung zwischen Hin- und Rückfahrt ein.

Schon auf dem Weg in den Nationalpark werden Sie feststellen, dass dies wirklich eine Tour ins Grüne ist – mit einem Blick aufs Blaue. Verlassen Sie die Insel **Phuket → S. 88** auf dem Hwy. 402. Beim Dorf **Khok Kloi** trifft er auf den Hwy. 4. Weiter geht es nach Norden in Richtung Takua Pa. Das Land ist dünn besiedelt, grüne Dschungelberge reichen bis fast an die Strände von **Khao Lak → S. 77**. Kurz vor Khao Lak haben Sie einen prächtigen Ausblick auf das blaue Meer. Vom Highway zweigen Stichstraßen nach links ab zu den Stränden. Die meisten Restaurants und Shops finden sie jedoch entlang der Hauptstraße.

AUSFLÜGE & TOUREN

Auf Wanderwegen im Khao-Sok-Nationalpark den Dschungel erkunden

Ein weiterer Stopp lohnt in **Takua Pa → S. 79**, wo in der Altstadt noch viele alte chinesische Häuser stehen, die von der großen Zeit des Zinnbooms in dieser Gegend künden. Kurz hinter Takua Pa biegen Sie ab auf den Hwy. 401 Richtung Surat Thani. Jetzt wird die Landschaft spektakulär: Riesige Kalksteinmassive erheben sich aus dem Dschungel.

Nach etwa 40 km erreichen Sie den Eingang zum ★ **Khao-Sok-Nationalpark**, wo übrigens auch Busse halten, die zwischen Phuket und Surat Thani verkehren. Die privaten Unterkünfte liegen im Eingangsbereich, aber außerhalb des Parks. In *Our Jungle House (12 Zi. | Mobiltel. 08 14 17 05 46 | www.khaosokaccommodation.com | €–€€)* können Sie sogar in Baumhäusern übernachten. Schön liegt auch das *Rainforest Resort (15 Zi. | Tel. 077 39 51 35 | www.krabidir.com/khaosokrainforest | €)*.

Auf markierten Wegen finden Sie sich in der Umgebung des Hauptquartiers der Parkverwaltung auf eigene Faust zurecht. Empfehlenswert ist jedoch eine Dschungeltour, die Sie in den Resorts und bei eigenständigen Veranstaltern buchen können. Die Guides bringen Sie zu Höhlen und Wasserfällen und wissen, wo die größte Blume der Welt blüht: Die Blüten der Rafflesia können sich bis zu einem Durchmesser von 1 m entfalten. Andere Giganten, wilde Elefanten, werden Sie wohl kaum sehen. Die Dickhäuter leben zurückgezogen in abgelegenen Teilen des 740 km² großen Parks. Dafür warten aber gezähmte Artgenossen auf Besucher, die sie auf ihrem breiten Rücken durch den Dschungel schaukeln.

Auch auf dem Wasser können Sie die faszinierende Dschungelwelt erforschen. Spaß macht das Tubing, bei dem Sie im Schlauch eines Lastwagenreifens den **Sok River** hinabgondeln. Ein ideales Revier für Kanutouren ist der Stausee **Chieo Lan** mit seinen steilen Kalksteinklippen. Übernachten können Sie direkt auf dem See in einfachen Floßbungalows. *Infos im Hauptquartier der Parkverwaltung tgl. 8.30–18 Uhr | www.dnp.go.th, www.khaosok.com*

SPORT & AKTIVITÄTEN

Nur am Strand zu liegen ist Ihnen zu langweilig? Dann gehen Sie doch in die Luft. Tauchen Sie unter. Klettern, reiten oder kochen Sie. Oder lernen Sie, wie man einen Elefanten lenkt. Thailand hat Aktivurlaubern viel zu bieten.

BALLONFLÜGE

Sie möchten in Thailand in den Himmel kommen? Kein Problem: Informationen zu Flügen mit Heißluftballons finden Sie unter www.skyadventures.info und www.balloonadventurethailand.com/index.

ELEFANTENTREKKING

Auf Elefanten können Sie in jeder Urlaubsregion Thailands reiten. Aber nur bei **INSIDER TIPP** *Elephant Special Tours (mehrtägige Arrangements inkl. Vollpension, drei Tage ab 360 Euro | Lodge White House | Mae Sopok | Aumpher Mae Wang | Mobiltel. 08 61 93 03 77 | www.elephant-tours.de)* im Camp von Bodo und Lia Förster lernen Sie, wie man die grauen Riesen durch den Dschungel lenkt. Der ehemalige Elefantenpfleger im Berliner Zoo lässt Sie eintauchen in das Leben eines Mahouts. 60 km südlich von Chiang Mai begegnen Sie den Tieren nicht in einer Touristenshow, sondern im Dschungel – ein einzigartiges Erlebnis.

GOLF

Golfplätze gibt es überall in Thailand. Topdestinationen sind Pattaya mit rund

Trekking, Tauchen und Kochkurse: Ob in den Bergen des Nordens oder an den Stränden des Südens – Thailand bringt Sie in Schwung

einem Dutzend Plätzen und Phuket mit sieben Plätzen von internationalem Standard. Auch in Bangkok, Chiang Mai, Hua Hin und auf Ko Samui kann man das Eisen schwingen. Bei der Tourism Authority of Thailand in Frankfurt können Sie eine Golfbroschüre anfordern. Interessante Websites für Golffreunde: *www.golforient.com, www.thailandgolfcourse.com, www.golfpattaya.com, www.huahingolf.com, www.golfhuahin.com, www.samui.sawadee.com/golf, www.phuket-golf.com.*

KLETTERN

In den Kalksteinklippen an den Stränden von Railay und Ton Sai in Krabi sowie auf Ko Phi Phi hangeln Kletterer aus aller Welt und werden mit spektakulären Aussichten auf Küste und Meer belohnt. Auch bei Chiang Mai geht's in die steile Wand. Schnupperkurs ca. 30 Euro. *www.railay.com, www.spidermonkeyphiphi.com, www.thailandclimbing.com, www.rockclimbingthailand.info, www.thepeakadventure.com*

KOCHKURSE

Wie man köstliche Thai-Gerichte zubereitet, können Sie an vielen Orten lernen, entweder in privaten Kochschulen oder in Hotelküchen. Den Geheimnissen der Thai-Küche kommen Sie z. B. im Hotel ● *The Oriental (short.travel/tai7)* in Bangkok auf die Spur. Dort können Sie sich auch zeigen lassen, wie man aus Obst und Gemüse kleine Kunstwerke schnitzt. Einen ausgezeichneten Ruf genießt auch die *Baipai Thai Cookery School (www.baipai.com)* in Bangkok. Eine Liste und Links zu Kochschulen finden Sie im Internet unter *www.aboutthailand.info/cooking.asp* und *www.thaiwebsites.com/cooking.asp*.

MOTORRADTOUREN

Die Berge des Nordens mit ihren Kurvenstraßen und Pisten sind eine Herausforderung und ein Erlebnis für Biker. Alles, was Sie wissen müssen, finden Sie unter *www.gt-rider.com*.

PFERDETREKKING

Boris Mimietz von der INSIDERTIPP *Thai Horse Farm (Phrao | 100 km nördlich von Chiang Mai | Mobiltel. 08 69 19 38 46 | www.thaihorsefarm.com)* unternimmt mit Ihnen mehrtägiges Pferdetrekking durch Thailands Norden, auch wenn Sie vorher noch nie im Sattel gesessen haben. Abenteuer pur, aber kein Stress. Die viertägige Tour kostet 460 Euro.

SCHLAUCHBOOTRAFTING

Der INSIDERTIPP **Dschungel von Umphang** 150 km südlich von Mae Sot im Grenzgebiet zu Myanmar gilt als der ursprünglichste in Thailand. Durch die Wildnis windet sich der Mae Klong mal gemächlich, mal schäumend. Mehrere Veranstalter in Mae Sot und Umphang, z. B. *Max One Tour (296/2 Intarakeeree Road | Mae Sot | Tel. 055 54 29 42 | www.maxonetour.com)*, bieten Touren an. Eine dreitägige Tour (drei Teilnehmer) kostet ca. 150 Euro pro Person.

Fitness und Entspannung: In Thailand gibt es wunderschöne Paddelrouten

SPORT & AKTIVITÄTEN

SEEKANUTOUREN

Besonders die Bucht von Phang Nga mit ihren Kalksteinfelsen ist ein traumhaft schönes Kanurevier. Tagestrips von Phuket aus kosten ab ca. 80 Euro, dreitägige Touren mit Übernachtung auf dem Begleitboot oder in Zelten an Stränden ca. 500 Euro. Ko-Samui-Urlauber können durch die Inselwelt des Meeresnationalparks Ang Thong paddeln.
Phuket: *Sea Canoe Thailand (Tel. 076 52 88 39 | www.seacanoe.net)*
Ko Samui: *Blue Stars Sea Kayaking (Tel. 077 41 32 31 | www.bluestars.info)*
Krabi: *Sea Kayak Krabi (Tel. 075 63 02 70 | www.seakayak-krabi.com)*
Buchungen sind auch über Reisebüros vor Ort möglich.

SEGELN

Die Inselwelt der Andaman-See ist ein Dorado für Segelsportler. Aber auch im Golf von Thailand (Pattaya, Ko Chang, Ko Samui) können Sie in See stechen – die Liste der Yachtverleiher in Thailand ist fast endlos lang. *www.phuket.net/things-to-do/sailing, www.yachtcharterguide.com, www.yachtcharterthailand.com, www.phuket.com/sailing*

TAUCHEN

Die besten Tauchreviere liegen in der Andaman-See in den Gewässern um Phuket und Khao Lak. Die unbewohnten ⭐ *Similan-Inseln* 50 km westlich von Khao Lak gehören weltweit zu den Topdestinationen. Doch auch rund um die Phi-Phi-Inseln und entlang der Küste bis zur malaysischen Grenze wartet eine bunte Unterwasserwelt auf Taucher. Bestes Tauchziel im Golf von Thailand ist die kleine Insel Ko Tao nördlich von Ko Samui. Tauchbasen gibt es auch in Pattaya und auf Ko Chang. Eine eintägige Ausfahrt mit zwei Tauchgängen kostet ca. 75 Euro, ein drei- bis viertägiger Grundkurs 250–300 Euro. Links zu Tauchbasen finden Sie in den Regionenkapiteln oder unter *www.tauchbasen.net,* wo Sie gezielt nach Orten suchen können.

TREKKING

Bergwandern durch die Wälder des Nordens ist ein großartiges Naturerlebnis. Aber mehr noch interessiert viele Touristen die Begegnung mit Bergvölkern, die in abgelegenen Dörfern noch an ihren alten Traditionen festhalten. Das Zentrum des Trekkingtourismus ist Chiang Mai. Allerdings muss man von dort aus erst ein paar Stunden Anfahrt über sich ergehen lassen, bevor man wirklich in den Bergen ist. Wer zum ⭐ Trekking in Pai oder in Mae Hong Son aufbricht, ist schon mitten in der Bergwelt. Die meisten Touren beinhalten auch einen Elefantenritt und Rafting auf Bambusflößen. Eine dreitägige Tour kostet bei sechs Teilnehmern ab 35 Euro pro Person. Man sollte nur die Dienste von Agenturen annehmen, die bei der Tourist Authority of Thailand registriert sind. Infos zu Trekking und allen Nationalparks gibt es auf den Websites *www.trekthailand.net* und *www.dnp.go.th*.

YOGA

Ferien für Körper und Seele: Yoga und Meditation werden in vielen Retreats angeboten. Insbesondere die Insel ● *Ko Phangan* entwickelt sich immer mehr zum spirituellen Zentrum derer, die auf der Reise ins eigene Selbst sind. Adressen und Links finden Sie unter *www.hadrin.com, www.yoga-centers-directory.net/thailand.htm* und *www.thaiwebsites.com/yoga.asp*.

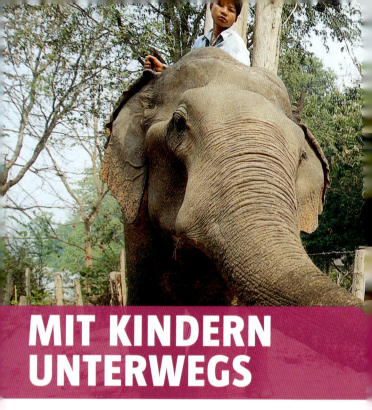

MIT KINDERN UNTERWEGS

Urlauber mit Kindern sind überall herzlich willkommen. Wundern Sie sich nicht, wenn Thais Ihren Nachwuchs über den Kopf streicheln oder auf den Arm nehmen wollen.

Die Freude der Thais an den Kindern der *falang* kommt von Herzen. Gerade in kleineren Hotels und Resorts werden die kleinen Gäste oft wie Familienmitglieder behandelt, und gern übernimmt jemand vom Personal einmal die Aufgabe des Babysitters. Vor allem preiswerte Unterkünfte bieten oft Zimmer mit drei Betten oder mit einem Doppel- und einem Einzelbett an. Auf Wunsch wird auch schon mal ein zusätzliches Bett aufgestellt oder noch eine Matratze ins Zimmer gelegt. Fertige Babynahrung und Windeln können Sie in den Supermärkten der Tourismuszentren und der größeren Städte kaufen. Ihren Kinderwagen sollten Sie zu Hause lassen: Auf den meist schadhaften, oft mit Souvenirständen zugepflasterten Gehwegen – falls überhaupt vorhanden – wird das Schieben zur Tortur. Praktischer ist eine Trage für Rücken oder Brust. An den Stränden können sich die Kleinen austoben, und es gibt immer etwas zu entdecken. Aber auch abseits von Sand und Meer finden sich Attraktionen für Kinder.

OSTKÜSTE

KHAO KHEOW OPEN ZOO ★
(135 D2) (*D10*)

Dieser Freiluftzoo unter der Patronage des Königshauses gilt als vorbild-

Ein Königreich für Kids: In Thailand sind Kinder überall gern gesehen. Und spannende Abenteuer warten an jeder Ecke

lich. Rund 8000 Tiere, von Flusspferden über Löwen bis zu Orang-Utans, leben in dem riesigen Dschungelpark so naturnah wie möglich. Für die Besucher werden auch Nachtsafaris veranstaltet. Und im *Children's Zoo* warten zahlreiche Klein- und Jungtiere auf Besucher. *Tgl. 8–18 Uhr, Nachtsafari 19 Uhr | verschiedene Touren im Angebot, auch mit Übernachtung, inkl. Abholservice von Bangkok und Pattaya | ca. 40 km nördlich von Pattaya | www.kkopenzoo.com | www.journeytothejungle.com*

UNDERWATER WORLD ●
(134 C3) (*D10*)

Kinder und Erwachsene sind gleichermaßen fasziniert, wenn in der Unterwasserwelt die Haie auf Handbreite nahe kommen. Doch keine Angst: Das Spezialglas im 100 m langen Tunnel des riesigen Aquariums, in dem 4500 Fischarten leben, bricht nicht entzwei. *Tgl. 9–18 Uhr | Eintritt 500 Baht, Kinder 300 Baht | 22 Sukhumvit Road | Pattaya | nahe Südpattaya, Lotus-Supermarkt | www.underwaterworldpattaya.com*

ZENTRALTHAILAND

BANGKOK DOLL MUSEUM ●
(U E3) (ⅅ e3)

Die exotischen Puppen im Bangkok Doll Museum sind mit Liebe zum Detail in Handarbeit hergestellt. Besonders farbenprächtig: die Bergstammvölker in ihren Trachten. Die kleinen Kunstwerke sind auch zu kaufen, und es dürfte schwer werden, Ihrem Kind einen Puppenwunsch abzuschlagen. *Mo–Sa 8–17 Uhr | Eintritt frei | 85 Soi Ratchataphan | Seitenstr. der Ratchaprarop Road | Bangkok | www.bangkokdolls.com*

DREAM WORLD (131 D5) (ⅅ D9)

Riesiger Themenpark mit Nostalgieeisenbahn, Traumgarten, Fantasialand, *Snow World* und der größten Floßrutsche in Asien. *Mo–Fr 10–17 Uhr, Sa, So 10–19 Uhr | Eintritt 550 Baht (inkl. aller Attraktionen), Kinder unter 90 cm Körpergröße frei | Tour ab Bangkok inkl. Lunch 1200 Baht | 62 Rangsit-Ongkarak Road | Rangsit | Provinz Pathum Thani | etwa 10 Autominuten nördlich des Don Muang Airport | www.dreamworld-th.com*

SIAM OCEAN WORLD (U D4) (ⅅ d4)

Korallenfische, Mantas und sogar Pinguine tummeln sich in Südostasiens größtem Aquarium. Die Kids werden begeistert sein, wenn sie in einem Glastunnel mitten durchs Haifischbecken und sogar durch einen Regenwald spazieren können. *Tgl. 10–20 Uhr | Eintritt 850 Baht, Kinder 650 Baht | 991 Rama I Road | im Shoppingcenter Siam Paragon | Bangkok | www.siamoceanworld.co.th*

DER NORDEN

CHIANG MAI ZOO (126 C3) (ⅅ B3)

Die Stars des Zoos sind zwei Pandas, ein Geschenk der chinesischen Regierung. Aber in diesem größten thailändischen Zoo in einer weiten Parkanlage leben auch noch 6000 andere Tiere, von thailändischen Elefanten bis zu afrikanischen Giraffen und australischen Koalabären. Haie und kleine Fische sehen Sie in einem der größten Aquarien Südostasiens. Und im *Snow Dome* können kleine und große Besucher auf künstlichem Schnee sogar Schlitten fahren. *Tgl. 8–17 Uhr | Eintritt 100 Baht, Kinder 50 Baht (für das Pandagehege 100 bzw. 50 Baht extra, für den Snow Dome 150 Baht) | 100 Huay Kaew Road | Chiang Mai | www.chiangmaizoo.com*

ELEPHANT CAMPS (126 C2–3) (ⅅ B3)

Im Umkreis von bis zu ca. 50 km von Chiang Mai gibt es *Elephant Camps,* wo die grauen Riesen zeigen, was sie gelernt haben: Sie stapeln Baumstämme, spielen Fußball und malen sogar Bilder. Und sie drehen mit den Besuchern auf ihrem Rücken eine Runde durchs Gelände. Die bekanntesten Camps sind *Mae Taman* und *Chiang Dao (www.chiangdaoelephantcamp. com)* am Hwy. 107 nördlich von Chiang Mai und *Mae Sa Elephant Camp (www. maesaelephantcamp.com)* am Hwy. 1096 nordwestlich von Chiang Mai.

LOVE ANIMAL HOUSE ⟳
(126 C3) (ⅅ B3)

In diesem Zentrum werden über 100 verwaiste Tiere betreut. Dem Schwarzbären „Teddy" ist der *Bearhugs Club* gewidmet. Mitglieder unterstützen das Hilfsprogramm. Das Love Animal House veranstaltet auch Familienwochenenden mit Lagerfeuer und Kindergeburtstage. Besuch nur nach telefonischer Voranmeldung. *Eintritt (Spende) 200 Baht | Mae Rim | ca. 20 km nördlich von Chiang Mai | Mobiltel. 09 8 55 59 23 | www.animal-sanctuary.chiangmai-chiangrai.com*

MIT KINDERN UNTERWEGS

DER SÜDEN

BUTTERFLY GARDEN
(136 C6) (*B16*)
Über 40 Schmetterlingsarten flattern hier herum und lassen sich sogar füttern. Im Insektarium können Sie seltene Insekten bestaunen, die sich als Blätter tarnen. Alle Tiere werden hier gezüchtet. Der Butterfly Garden hat eine „Go Green"-Philosophie, recycelt z. B. Bioabfälle. *Tgl. 9–17 Uhr | Eintritt 300 Baht, Kinder 150 Baht | 71 Yaowarat Road, Soi Paneung | Phuket Town | nördlicher Stadtrand | www.phuketbutterfly.com*

DINO PARK (136 C6) (*A–B16*)
Für Dinofans: Auf dieser Minigolfanlage mit künstlichem Vulkan säumen Saurier den Kurs auf Schritt und Tritt. Man braucht nicht viel Phantasie, um sich in der Urzeit zu wähnen. *Tgl. 10–24 Uhr (der Vulkan erglüht nur bei Dunkelheit) | Eintritt 240 Baht, Kinder 180 Baht | Karon Beach | Phuket | www.dinopark.com*

INSIDER TIPP PARADISE PARK FARM (137 E3) (*C14*)
Hoch in den Bergen von Ko Samuis Westküste liegt dieser große Park, der mit seinen Ziegen, Kaninchen und Ponys ein riesiger Streichelzoo ist. Restaurant, Pool, tolle Sicht auf die Küste, und angenehme Temperaturen gibt's auch. *Tgl. 9–18 Uhr | Eintritt 300 Baht, Kinder 100 Baht | auch Abholservice | Abzweigung von der Ringroad beim Dorf Ban Saket (ausgeschildert) | www.paradiseparkfarm.net*

SIAM SAFARI (136 C6) (*B16*)
Ob Elefantenreiten, Kanutouren oder Dschungelsafaris: Die preisgekrönte Agentur hat vieles im Programm, was großen und kleinen Urlaubern Spaß macht. Das *Siam Safari Elephant Project* unterstützt regelmäßige Gesundheitschecks für alle Elefanten auf Phuket und leitet Spenden an das Elefantenhospital im nordthailändischen Lampang weiter. *Chao Fa Road | Chalong (an der Straße zum Flughafen) | Phuket | www.siamsafari.com*

Die Kleinen sind die Größten im Königreich

EVENTS, FESTE & MEHR

Religiöse Feste fallen meist auf bestimmte Vollmondtage, weshalb ihre Daten sich von Jahr zu Jahr ändern. Lokale Feste können sich ebenfalls verschieben. Die staatliche Tourismusbehörde TAT *(www.tourismthailand.org)* stellt die Termine jedes Jahr neu zusammen. Eine gute Übersicht finden Sie auch auf *www.thailandgrandfestival.com*.
Die buddhistische Zeitrechnung beginnt mit der Geburt des Erleuchteten. Das Jahr 2014 n. Chr. entspricht dem Jahr 2557 nach Buddha.

OFFIZIELLE FEIERTAGE

1. Jan. Neujahrstag; **Vollmond im Februar** *Makha Pucha* (Gedenken an Buddhas Predigt vor 1250 Gläubigen); **6. April** *Chakri-Tag* (Thronbesteigung Ramas I., Gründung der Chakri-Dynastie im Jahr 1782); **13.–15. April** *Songkran* (thailändisches Neujahrsfest); **1. Mai** Tag der Arbeit; **5. Mai** Krönungstag des jetzigen Monarchen, König Bhumibol Adulyadej (Rama IX.); **Vollmond im Mai** *Visakha Pucha* (Gedenken an Buddhas Geburt, Erleuchtung und Tod); **Vollmond im Juli** *Asaha Pucha* (Gedenken an Buddhas erste Predigt); **einen Tag nach Asaha Pucha** *Khaopansa* (Beginn der buddhistischen Fastenzeit); **12. Aug.** Geburtstag von Königin Sirikit; **23. Okt.** *Chulalongkorn-Tag* (Todestag von König Chulalongkorn (Rama V.), der 1910 starb); **5. Dez.** Geburtstag von König Bhumibol; **10. Dez.** Tag der Verfassung; **31. Dez.** Silvester

FEIERTAGE UND FESTE

JANUAR
▶ **Bor-Sang-Schirmfestival:** Das Dorf Bor Sang bei Chiang Mai in Nordthailand ist berühmt für seine handbemalten Papierschirme. Bei einem Umzug präsentieren Mädchen in Festgewändern die schönsten Schirme.

JANUAR/FEBRUAR
▶ **Chinesisches Neujahrsfest:** Das neue Jahr wird in Bangkoks Chinatown und in der zentralthailändischen Stadt Nakhon Sawan mit einer Drachen-und-Löwenparade begrüßt. Auf Phuket findet ein einwöchiges Tempelfest im Kloster Wat Chalong (beim Dorf Chalong) statt.

APRIL
▶ ★ ● **Songkran** (www.songkran.net): Das Neujahrsfest (13. bis 15. April) ist das wildeste Fest von allen. Die Menschen bespritzen und überschütten sich mit

Ob romantischer Kerzenzauber oder wilder Wasserspaß: Die Lebensfreude der Thais zeigt sich in vielen bunten Festen

Wasser. Auch Touristen bekommen ihre Dusche ab. Besonders ausgiebig und mit einem großen Umzug wird in der Nordmetropole Chiang Mai gefeiert. Dort beginnt Songkran sogar schon am 12. April. In Bangkok ist die Khao San Road ein Zentrum der Wasserschlachten.

MAI
▶ ★ *Königliche Zeremonie des Pflügens:* Das Fest in der zweiten Maiwoche markiert den Beginn der Reispflanzsaison. Es findet ein prächtiges Spektakel vor dem Großen Palast in Bangkok statt, und auch das Königshaus ist dabei. Tribünenplätze sind über das Touristenbüro in Bangkok zu buchen.

OKTOBER
▶ *Büffelrennen:* In Chonburi (zwischen Bangkok und Pattaya) sind Bauernjungen die Jockeys und Wasserbüffel die Reittiere.
▶ ★ *Vegetarierfestival (www.phuket vegetarian.com):* Ein bizarres Fest auf Phuket und, in kleinerem Ausmaß, in Trang (Südthailand). Chinesischstämmige Thais versetzen sich in Trance und treiben sich Spieße, Nadeln, Haken und sogar Handbohrer oder Regenschirme ins Fleisch. Während des Festes leben die Teilnehmer streng vegetarisch.

NOVEMBER
▶ ★ *Loi Kratong:* Das bezauberndste Fest des Jahres, zu Vollmond im November. Körbchen mit Blumen, Räucherstäbchen und brennenden Kerzen werden zu Wasser gelassen. Am romantischsten sind die Feierlichkeiten in den alten Königsstädten Sukhothai und Ayutthaya sowie in Chiang Mai zu erleben.

NOVEMBER/DEZEMBER
▶ *River Kwai Bridge Week:* Die berühmte Brücke am Kwai und die „Todeseisenbahn" stehen im Mittelpunkt der Festwoche. Fahrten mit alten Dampfloks, Feuerwerk mit Licht- und Tonschau an der Brücke in Kanchanaburi.

LINKS, BLOGS, APPS & MORE

LINKS

▶ www.thaizeit.de Opulent bebildertes Online-Magazin mit vielen Reportagen und Infos

▶ www.thailaendisches.de Der Dolmetscher Erik Schottstädt kennt sich nicht nur mit der thailändischen Sprache aus. Mit der Kamera porträtiert er Bangkok und seine Menschen in einfühlsamen Fotos

▶ short.travel/tai1 Da läuft einem beim Lesen das Wasser im Mund zusammen. Aufgelistet nach Straßen werden die besten Thai-Restaurants vorgestellt

▶ www.travelfish.org Spezialisiert auf preiswerte Unterkünfte. Freche Schreibe, Lob und Kritik. Die coolste Seite für Budgetreisende im weltweiten Netz

▶ www.thailandqa.com Die Abkürzung „qa" steht für *question* und *answer*. Hier finden Sie Fragen und Antworten zu Leben und Reisen in Thailand

▶ www.marcopolo.de/thailand Alles auf einen Blick zu Ihrem Reiseziel: interaktive Karten inklusive Planungsfunktion, Impressionen aus der Community, aktuelle News und Angebote …

APPS

▶ Bangkok GPS Guide Verloren in der Millionenstadt? Der Kompass sagt Ihnen, wo Sie sind, und lotst Sie zum Ziel

▶ BKK Transit Mit Bus, Skytrain, U-Bahn und Flussbooten durch Bangkok. Ein wertvoller Wegweiser im öffentlichen Nahverkehr

▶ Green Tourism Öko-Reiseziele und umweltfreundliche Resorts, zusammengestellt von der Tourism Authority of Thailand

▶ North Thailand Travel Guide Hier ist alles drin über den Norden, von Essen und Trinken bis zu Hotels und Sehenswürdigkeiten

Egal, ob Sie sich vorbereiten auf Ihre Reise oder vor Ort sind:
Mit diesen Adressen finden Sie noch mehr Informationen,
Videos und Netzwerke, die Ihren Urlaub bereichern.
Da manche Adressen extrem lang sind, führt Sie der kürzere
short.travel-Code direkt auf die beschriebenen Websites

BLOGS & FOREN

▶ www.thailand-reisetipps.de Wo gibt's leckeres Frühstück in Hua Hin? Wer vermittelt Fahrradtouren in Bangkok? Wenn Sie Fragen haben, wird Ihnen in diesem gut besuchten Forum die Antwort gebloggt

▶ www.travelblog.org Sie können Ihr Reisetagebuch führen und unbegrenzt Bilder hochladen. Und sich auch im Forum mit anderen Travellern austauschen

▶ www.thai-blogs.com Thailands bekanntester Blogger lässt kein Thema aus. Richard Barrow schreibt über den schnellen Imbiss an der Straße ebenso wie über die „Zigarettenpolizei", die Touristen abzockt

▶ forum.thailand-tip.com Ob Politik oder Kultur, Hotelkritiken oder Visabestimmungen – im Forum der deutschsprachigen „TIP Zeitung für Thailand" kommt so ziemlich alles zur Sprache. Nach Regionen und Themen unterteilt

VIDEOS

▶ short.travel/tai2 Schräg und witzig: Videos von der Vollmondparty bis zur Garküche

▶ short.travel/tai3 Thailändische Werbespots sind oft zum Schreien komisch. Hier sehen Sie, mit wie viel Humor Firmen im Land des Lächelns um Kunden werben

▶ short.travel/tai4 Videoclips zu vielen Destinationen im Land. Von Hotels über Paläste bis zum Tauchen ist so ziemlich alles dabei

NETWORK

▶ www.couchsurfing.org Gastfreundschaft im Land des Lächelns: Thais und Ausländer, die in Thailand leben, bieten Ihnen über diese Plattform ein kostenloses Bett oder Sofa für die Nacht an

▶ www.hospitalityclub.org Der Club ist „ein weltweites Netz freundlicher Leute". Allein in Thailand sind über 1000 Mitglieder registriert. Sie können bei ihnen kostenlos übernachten, sich Tipps holen oder mit ihnen um den Block ziehen

▶ www.globalzoo.de Keine Lust auf einen Solotrip? In dieser Community können Sie Reisepartner suchen und finden

PRAKTISCHE HINWEISE

ANREISE

✈ Bangkoks Airport Suvarnabhumi *(www.airportsuvarnabhumi.com)* – gesprochen: „Suwannapum" – ist eine Drehscheibe für Südostasien und wird von den meisten europäischen und asiatischen Fluggesellschaften angeflogen. Der Flug ab Frankfurt am Main dauert ca. elf Stunden. Chartergesellschaften landen auch auf der Insel Phuket *(www.phuketairportonline.com)*.

Selbst in der Hochsaison Dezember/Januar werden Retourflüge nach Bangkok von renommierten Fluggesellschaften wie Lufthansa (ab Frankfurt) oder Thai Airways (ab Frankfurt und München) für rund 1000 Euro angeboten. Billigflieger offerieren Tickets schon ab ca. 800 Euro.

GRÜN & FAIR REISEN

Auf Reisen können auch Sie mit einfachen Mitteln viel bewirken. Behalten Sie nicht nur die CO_2-Bilanz für Hin- und Rückflug im Hinterkopf *(www.atmosfair.de)*, sondern achten und schützen Sie auch nachhaltig Natur und Kultur im Reiseland *(www.gate-tourismus.de; www.zukunft-reisen.de; www.ecotrans.de)*. Gerade als Tourist ist es wichtig, auf Aspekte zu achten wie Naturschutz *(www.nabu.de; www.wwf.de)*, regionale Produkte, Fahrradfahren (statt Autofahren), Wassersparen und vieles mehr. Wenn Sie mehr über ökologischen Tourismus erfahren wollen: europaweit *www.oete.de*; weltweit *www.germanwatch.org*

Kurz vor Weihnachten können die Preise aber deutlich höher sein. Günstige Flüge finden Sie z. B. unter *www.fliegen.de, www.billiger-fliegen.de* und *www.opodo.de*.

Von den Flughäfen Bangkok und Phuket kommen Sie am günstigsten mit dem Zug (Bangkok, *www.srtet.co.th/en*), mit dem Bus oder einem *Meter Taxi* in die Stadt bzw. an die Strände. Eine Fahrt mit dem *Meter Taxi* vom Flughafen Bangkok in die untere Sukhumvit Road kostet beispielsweise ca. 300 Baht, vom Flughafen Phuket an den Patong Beach rund 600 Baht.

AUSKUNFT

THAILÄNDISCHE FREMDENVERKEHRSÄMTER

– Deutschland *(Bethmannstr. 58 | 60311 Frankfurt am Main | Tel. 069 138 13 90 | www.thailandtourismus.de)*
– Die Repräsentanz in *Wien (Heumühlgasse 3 | Tel. 01 5 85 24 20 | www.tourismusthailand.at)* kann nach telefonischer Ankündigung besucht werden. Bestellung von Broschüren über die Website.
– Die Repräsentanz in *Bern (Tel. 031 3 00 30 88 | www.tourismthailand.ch)* ist nicht auf Publikumsverkehr eingestellt. Broschüren über die Website.

TOURISM AUTHORITY OF THAILAND

In Thailand ist die TAT in Bangkok und in allen wichtigen Provinzhauptstädten mit Büros vertreten. Die Adressen finden Sie in den jeweiligen Regionenkapiteln dieses Bandes, die E-Mail-Adressen auf der Website der TAT: *www.tourismthailand.org*.

Von Anreise bis Zoll

Urlaub von Anfang bis Ende: die wichtigsten Adressen und Informationen für Ihre Thailandreise

Im Internet finden Sie eine Fülle an Informationen über Thailand, z. B. auf *www.thaiwebsites.com, www.baanthai.com, www.amazing-thailand.com, www.thailine.de* (mit Schwerpunkt Nordthailand) und *www.diningthailand.com* (Restaurants). Das Wetter gibt's unter *www.wetteronline.de/thailand.htm* und *www.tmd.go.th*.

BANKEN & KREDITKARTEN

Reisechecks in Dollar, Euro oder Schweizer Franken werden von allen Banken gewechselt (Mo–Fr 8.30–15.30 Uhr, Wechselschalter tgl. oft bis 22 Uhr).

Mit Kreditkarte und Reisepass kann man Bargeld in Landeswährung bekommen. Einfacher ist das Abheben mit Geheimzahl an ATM-Geldautomaten *(automatic teller machine)*. Mit EC-Karten bekommen Sie Geld an allen Automaten mit dem Maestro-Zeichen.

Visa wird von allen großen Banken akzeptiert. Auch Mastercard/Eurocard ist weit verbreitet. Mit der American Express Card erhalten Sie nur bei den Filialen der *Bangkok Bank* Bargeld. Für Bargeldabhebungen verlangen alle Banken eine Gebühr von 150 Baht pro Transaktion.

Bei Verlust Ihrer Karte sollten Sie diese sofort im Heimatland sperren lassen. Sie sollten also immer die deutsche Telefonnummer Ihres Kartenanbieters dabei haben.

Viele Geschäfte akzeptieren Kreditkarten nur gegen einen – nicht korrekten! – Aufschlag von ein paar Prozent. Ein Tipp: Wenn Sie in solchen Fällen die Bezahlung mit Bargeld anbieten, können Sie den Preis oft nochmals etwas herunterhandeln.

DIPLOMATISCHE VERTRETUNGEN

DEUTSCHE BOTSCHAFT

Mo–Fr 8.30–11.30 Uhr | 9 South Sathorn Tai Road | Bangkok 10120 | Tel. 02 2 87 90 00 | www.bangkok.diplo.de

ÖSTERREICHISCHE BOTSCHAFT

Mo–Fr 9–12 Uhr | 14 Sathorn Tai Road, Soi Nandha | Bangkok 10120 | Tel. 02 3 03 60 57 | www.aussenministerium.at/botschaft/bangkok

SCHWEIZER BOTSCHAFT

Mo–Fr 9–11.30 Uhr | 35 North Wireless Road | Bangkok 10330 | Tel. 02 6 74 69 00 | www.eda.admin.ch/bangkok

WAS KOSTET WIE VIEL?

Nudelsuppe	0,90 Euro	*für eine Schale aus der Garküche*
T-Shirt	4 Euro	*für ein Shirt beim Straßenhändler*
Strandliege	2,50 Euro	*Tagesmiete für eine Strandliege mit Sonnenschirm*
Bier	1,80 Euro	*für eine Flasche (0,3 l) im Restaurant*
Benzin	1 Euro	*für einen Liter Super*
Massage	9 Euro	*für eine einstündige Massagebehandlung am Strand*

Deutschland und Österreich unterhalten auch Honorarkonsulate in Chiang Mai, Pattaya und Phuket (Adressen auf den Websites der Botschaften).

EINREISE

Deutsche, Österreicher und Schweizer dürfen bei Einreise mit dem Flugzeug ohne Visum 30 Tage im Land bleiben (bei Einreise über Land 15 Tage). Der Reisepass muss mindestens noch sechs Monate gültig sein. Ein Touristenvisum für 60 Tage kostet in Deutschland 25 Euro, in Österreich 30 Euro, in der Schweiz 30 Franken. Bei den Tarifen gibt es häufig Änderungen, manchmal sind Visa sogar kostenlos zu haben.

VERTRETUNGEN THAILANDS FÜR DIE VISUMBESCHAFFUNG

Deutschland: *Königlich-Thailändische Botschaft (Lepsiusstr. 64–66 | 12163 Berlin | Tel. 030 79 48 10 | www.thaiembassy. de)*
Österreich: *Königlich-Thailändische Botschaft (Cottagegasse 48 | 1180 Wien | Tel. 01 4 78 33 35 | www.thaiembassy.at)*
Schweiz: *Königlich-Thailändische Botschaft (Kirchstr. 56 | 3097 Bern-Liebefeld | Tel. 031 9 70 30 30 | www. thaiembassybern.org)*
Auf den Websites finden Sie auch Antragsformulare zum Herunterladen sowie die Adressen der Konsulate, die ebenfalls Visa ausstellen.

FOTOGRAFIEREN

Speicherkarten für Digitalkameras sind billiger, Ausdrucke von digitalen Fotos und Papierabzüge etwas billiger als in Deutschland. Diafilme sind abseits der Touristenzentren nur schwer zu bekommen. Bevor Sie Menschen fotografieren, sollten Sie mit einem Lächeln um Erlaubnis fragen. Das gilt besonders, wenn Sie muslimische Thais ablichten wollen.

GESUNDHEIT

Impfungen sind nicht vorgeschrieben. In Dschungelgebieten nahe Myanmar und Kambodscha besteht Malariagefahr, die aber nicht so groß ist, dass Sie deshalb auf eine Trekkingtour verzichten müssen. Informationen über Malariaprophylaxe finden Sie auf der Website der Deutschen Gesellschaft für Tropenmedizin *(www. dtg.org)*. Bei ungeschütztem Geschlechtsverkehr besteht ein beträchtliches Risiko, sich mit einer Geschlechtskrankheit oder HIV zu infizieren. Leitungswasser sollte man nicht trinken, aber zum Zähneputzen kann man es nehmen. Im Allgemeinen ist der hygienische Standard in Thailand gut. Weitere Gesundheitstipps bietet *www.fit-for-travel.de*.
In Bangkok und den Tourismuszentren praktizieren Ärzte und Zahnärzte, die in Europa oder Amerika ausgebildet wurden. Insbesondere die privaten Krankenhäuser sind denen im Westen in puncto Service und Preis oft sogar voraus.
Renommierte Kliniken sind z. B. in Bangkok das *Bumrungrad Hospital (Tel. 02 6 671 00 | www.bumrungrad.com)* und das *BNH Hospital (Tel. 02 6 86 27 00 | www.bnhhospital.com),* in Chiang Mai das *Chiang Mai Ram Hospital (Tel. 053 92 03 00 | www.chiangmairam.com),* in Pattaya das *Bangkok Pattaya Hospital (Tel. 038 25 99 99 | www.bph.co.th)* und auf Phuket das *Bangkok Phuket Hospital (Tel. 076 25 44 25 | www.phukethospital. com)*. Kleinere Kliniken sind auf Ko Samui das *Bangkok Hospital Samui (Tel. 077 42 95 00 | www.samuihospital. com)* und auf Ko Chang das *Bangkok Trat Hospital (Tel. 039 53 27 35 | www. bangkoktrathospital.com)*. Alle Krankenhäuser bieten einen 24-Stunden-

PRAKTISCHE HINWEISE

Notfalldienst. Generell werden in thailändischen Hospitälern Patienten auch ambulant behandelt.

Die Krankenhäuser regeln die Kostenübernahme mit Ihrer heimischen Krankenversicherung, Ihre Versicherungskarte sollten Sie aber dabei haben. Falls die Versicherungsgesellschaft die Kostenübernahme nicht gleich garantiert, müssen Sie die Rechnung erst mal selbst bezahlen. Deckt Ihre Versicherung Thailand nicht ab, empfiehlt sich für den Urlaub eine Auslandskrankenversicherung.

Da es in Thailand kein landesweit organisiertes Rettungswesen gibt, müssen Krankenwagen direkt vom Krankenhaus angefordert werden.

Von hohem Standard sind auch viele eigenständige Arzt- und Zahnarztpraxen. Eine Zahnreinigung kostet beispielsweise ca. 20 Euro. Sehr preisgünstig sind in Thailand auch Brillen und Medikamente, die fast alle rezeptfrei zu haben sind.

INLANDSFLÜGE

Fast jede größere thailändische Provinzstadt ist preiswert mit dem Flugzeug von Bangkok aus zu erreichen. Mit Thai Airways (www.thaiair.com) kostet z. B. ein Flug nach Phuket ab 80 Euro. Teils bis zu 50 Prozent günstiger bringen Sie Air Asia (www.airasia.com), Bangkok Airways (www.bangkokair.com) und Nok Air (www.nokair.com) an Ihr Ziel. Besonders Air Asia bietet für fast jeden Tag und jede Uhrzeit einen anderen Tarif an.

INTERNETZUGANG & WLAN

Der Minutenpreis in Internetcafés beträgt meist 1 Baht, oft gibt es sogar eine Stundenpauschale von unter 60 Baht. Wenn Sie am Hotel-PC ins Netz gehen, ist das meist deutlich teurer. In vielen Lokalen und fast allen Hotels kommen Sie mit dem eigenen Netbook via WLAN drahtlos ins Netz. Für das Passwort in Hotels müssen Sie aber eventuell Gebühren bezahlen. Manche Hotels zocken mit Stundenpreisen von 200 Baht oder mehr ihre Gäste regelrecht ab. Weniger als 1 Euro pro Stunde kostet es, wenn Sie mit einem Modem und einer thailändischen Internet-SIM-Karte ins Netz gehen. Die bekommen Sie in vielen Shops und in jedem 7-Eleven-Minimarkt.

Hotspot-Listen finden Sie z. B. auf www.hotspot-locations.de. In Thailand ist für WLAN der Begriff WiFi (gesprochen: waifai) gebräuchlich.

WÄHRUNGSRECHNER

€	THB	THB	€
10	422,31	100	2,36
20	844,63	200	4,72
30	1266,94	300	7,08
40	1689,26	400	9,44
50	2111,57	500	11,80
60	2533,88	600	14,16
70	2956,20	700	16,51
80	3378,51	800	18,87
90	3800,83	900	21,23

KINDERSCHUTZ

Sie haben Mitleid? Sie wollen Gutes tun und kaufen deshalb Kindern Blumen, Kaugummis oder Zigaretten ab? Tun Sie es nicht, rät die Kinderschutzorganisation Childwatch Phuket (www.childwatchphuket.org): „Je mehr ihnen abgekauft wird, umso sicherer ist es, dass sie bis in den frühen Morgen arbeiten müssen." Es ist nicht die schiere Not, die Kinder zu Nachtarbeitern in den Barvierteln macht, sondern knallhartes Geschäft, von Hintermännern ebenso straff organisiert wie die Bettelei.

KLIMA & REISEZEIT

In der „kühlen" Jahreszeit von November bis Februar liegen die Tagestemperaturen bei 30 Grad. Danach wird es bis ungefähr Mai sehr heiß bis zu 40 Grad. In der Regenzeit von Mai bis Oktober gehen die Temperaturen etwas zurück, aber dafür steigt die Luftfeuchtigkeit. Am ruhigsten ist die See von Dezember/Januar bis März/April. Ko Samui bekommt von November/Dezember bis Mitte Februar die Ausläufer des Nordostmonsuns ab. Dafür fällt allerdings die landesweite Regenzeit von August bis Oktober nicht sehr heftig aus, sodass der europäische Frühling und Sommer für Ko Samui die beste Reisezeit sind. Während des Monsuns ist Schwimmen im Meer lebensgefährlich. Die Tourismusindustrie vermarktet die Regenzeit mit Schnäppchenpreisen als „Green Season", aber für einen Strandurlaub ist sie nicht geeignet.

MEDIEN

Die Tageszeitungen „Bangkok Post" *(www.bangkokpost.com)* und „The Nation" *(www.nationmultimedia.com)* informieren ausführlich über nationale Ereignisse und übers Weltgeschehen. Der in Thailand verlegte „Tip" *(www.thailand-tip.com)* bringt wöchentlich Berichte über Thailand und deutsche Nachrichten. In den Touristenorten bekommen Sie auch fast alle führenden ausländischen Zeitungen und Magazine. Alle besseren Hotels bieten Satellitenfernsehen an (Deutsche Welle, CNN, CNBC, BBC).

MEHRWERTSTEUER

Viele der besseren Geschäfte, Restaurants und Hotels erheben auf den Preis eine Mehrwertsteuer (VAT = Value Added Tax) von 7 Prozent. Bei anderen heißt es *VAT included* (im Preis schon drin). Wer Waren im Wert von mindestens 5000 Baht einkauft (Reisepass vorzeigen!) und pro Geschäft mindestens 2000 Baht ausgibt, kann bei der Ausreise die VAT zurückbekommen. Rechnungen müssen vor der Ausreise den VAT-Büros in den Flughäfen von Bangkok, Hat Yai, Chiang Mai und Phuket (nur dort ist Erstattung möglich) präsentiert werden. Das kann aber bei großem Andrang eine zeitraubende Prozedur sein! Nicht ohne Grund warnt ein Zettel am VAT-Schalter im Bangkok Airport: „Wer die Beamten beleidigt, kann bestraft werden." Weitere Informationen finden Sie unter *www.rd.go.th/vrt*.

MIETWAGEN

Viele einheimische und internationale Verleihfirmen wie *Avis (www.avisthailand.com)* und *Budget Rent A Car (www.budget.co.th)* bieten Fahrzeuge an. Ein Kleinwagen mit Klimaanlage kostet ca. 1500 Baht pro Tag, ein offener Jeep 1000–1200 Baht (bei längerer Mietzeit Rabatt). Achten Sie auf eine Versicherung, die sowohl Personen- als auch Sachschaden einschließt. Lassen Sie sich nicht auf vermeintliche Schnäppchen von Verleihern ein, die ihre Privatfahrzeuge oder nicht offiziell als Mietwagen registrierte Fahrzeuge am Straßenrand anbieten. Ein internationaler Führerschein ist Vorschrift. Alternative zum Selbstfahren: ein Mietwagen mit Fahrer (für einen Achtstundentag oft schon für einen Aufpreis von nur etwa 600 Baht).

ÖFFENTLICHE VERKEHRSMITTEL

Die wichtigsten Bahnstrecken führen von Bangkok nach Norden, in den Nordosten bis zur laotischen Grenze und nach Süden

PRAKTISCHE HINWEISE

bis Malaysia und nach Singapur. Zugfahrpläne und Tarife: *www.railway.co.th*. Mit Direktbussen erreichen Sie von Bangkok aus praktisch jede größere Stadt des Landes. Bequem sind die klimatisierten VIP-Busse mit Schlafsitzen (von Bangkok nach Phuket ca. 25 Euro).

POST

Luftpostbriefe nach Europa bis 10 g kosten 17 Baht, Postkarten 15 Baht. Sie sind meist fünf bis sieben Tage unterwegs. Tarife für Pakete sind gestaffelt nach Gewicht und Beförderungsart (per Schiff oder Flugzeug). Luftpostpakete mit 10 kg Gewicht kosten 4250 Baht. Die meisten Postämter verkaufen genormte Pakete.

PREISE & WÄHRUNG

Der thailändische Baht wird in 100 Satang unterteilt. Im Umlauf sind Münzen zu 1, 2, 5 und 10 Baht sowie Scheine zu 20, 50, 100, 500 und 1000 Baht. Münzen zu 25 und 50 Satang erhält man fast nur in Supermärkten.

Im einfachen Restaurant kostet eine Hauptmahlzeit selten mehr als 150 Baht. Im Supermarkt bekommen Sie eine kleine Flasche einheimisches Bier für 30 bis 40 Baht. Thais sehen es übrigens nicht als ungerecht an, wenn sie den „reichen" Ausländern höhere Preise abknöpfen. Das gilt nicht nur bei Einkäufen auf Märkten, sondern auch in Hotels, Zoos, Vergnügungsparks etc. Auch in staatlichen Einrichtungen wie z. B. Nationalparks gilt das Zweitarifesystem.

SPERRSTUNDE

Die nächtliche Sperrstunde wurde von der Regierung auf 1 Uhr festgelegt, für einige ausgewählte Nightlifebezirke auf 2 Uhr.

STROM

Die Netzspannung beträgt 220 Volt. In der Provinz werden teilweise noch Stecker mit flachen Polen verwendet. Zwischenstecker bekommen Sie in Elektrogeschäften.

TAXI

Sogenannte *Meter Taxis,* die auch den Taxameter einschalten, finden Sie nur in Bangkok und auf Phuket. Auf Phuket sind die *Meter Taxis* allerdings nur am Flughafen stationiert. Überall sonst muss der Fahrpreis ausgehandelt werden – und zwar vor Antritt der Fahrt! Der erste Kilometer im *Meter Taxi* kostet 35 Baht, jeder weitere 5,50 Baht. Zu diesen Preisen ist es, zumindest für Touristen, fast unmöglich, ein dreirädriges Tuk-Tuk zu chartern.

TELEFON & HANDY

Vorwahl nach Deutschland 00149, nach Österreich 00143, in die Schweiz 00141, dann die Ortsnetzkennzahl ohne Null. Vorwahl aus dem Ausland nach Thailand 0066, dann die örtliche Nummer ohne Null. In Thailand gibt es keine Ortsvorwahlen mehr, sie wurden in die Anschlussnummern integriert. Die in diesem Band angegebenen Telefonnummern müssen deshalb auch bei Ortsgesprächen vollständig gewählt werden.

Das mitgebrachte Handy wählt sich automatisch in das Netz des thailändischen Partners Ihrer Mobilfunkgesellschaft ein. Die Roaminggebühren sind aber sehr hoch. Selbst bei ankommenden Anrufen aus Deutschland müssen Sie den größten Teil der Gebühren selbst bezahlen. Auch Anrufe über Hoteltelefone sind oft sehr teuer. Günstiger telefonieren Sie mit einer thailändischen SIM-Karte, für die Sie eine eigene Telefonnummer bekommen (funktioniert aber nur, wenn Ihr Handy nicht für andere SIM-Karten gesperrt ist). Diese wiederaufladbaren Karten gibt es in vielen Shops sowie in allen *7-Eleven*-Läden. Mit der offiziellen Vorwahl 00149 kostet der Anruf nach Deutschland ca. 20 Baht pro Minute. Die thailändischen Mobilfunkfirmen bieten aber auch eigene Vorwahlen mit verschiedenen Tarifen an. Mit *True Move (truemoveh.truecorp. co.th)* telefonieren Sie nach Deutschland schon ab 1 Baht pro Minute. Weitere große Anbieter sind *AIS (www.ais.co.th)* und *DTAC (www.dtac.co.th)*. Ein Anruf nach Deutschland mit Billigvorwahl kostet im Schnitt 8 Baht. Umsonst geht's auch: von Skype zu Skype *(www.skype.com/intl/de)* im Internetcafé oder am eigenen Laptop. Falls Sie ein Zweithandy für die thailändische SIM-Karte suchen, werden Sie in vielen Shops fündig. Ein brandneues Handy ohne Schnickschnack und Vertragsbindung gibt es schon ab ca. 25 Euro. Gebrauchte Handys sind noch günstiger.

TOURISTENPOLIZEI

Für Touristen zuständig ist die *Tourist Police,* die landesweit unter *Tel. 1155* verständigt werden kann.

TRINKGELD

Trinkgeld, der *tip,* ist in sehr einfachen Lokalen oder an Imbissständen nicht üblich. Viele bessere Restaurants erheben eine *service charge* (Bedienungszuschlag) von 10 Prozent. Hier sollte man nur Trinkgeld geben, wenn die Bedienung außergewöhnlich aufmerksam war. In Restaurants ohne *service charge,* aber mit gutem Service sind 10 Prozent Trinkgeld angemessen. Auch viele Hotels schlagen auf den Zimmerpreis eine zehnprozentige *service charge* auf. Gleichwohl freuen sich Gepäckträger oder Roomboy über einen kleinen Schein. Trinkgeld für Taxifahrer ist nicht üblich, schon gar nicht, wenn der Preis erst ausgehandelt werden musste.

UNTERKUNFT

Die in diesem Band angegebenen Kategorien für Hotelpreise beziehen sich auf die allgemeine Hauptsaison von ca. Mitte November bis Ende Februar. Viele Hotels erheben für die sogenannte *Peak Season* zwischen Weihnachten und Neujahr nochmals einen Zuschlag von 10 bis 20 Prozent. In der Vor- und Nachsaison dürfen Sie dafür mit Preisnachlässen von bis zu 40 Prozent rechnen. Zum Teil erheblich sparen können Sie auch, wenn Sie das Zimmer nicht telefonisch oder persönlich am Hotelschalter buchen, sondern über das Internet – entweder direkt über die Hotelwebsite oder über einen auf Hotelbuchungen spezialisierten Anbieter.

Hotelbuchungen sind z. B. über *www. german.hotelthailand.com* (deutsch) und *www.asiarooms.com* (englisch, mit Gästewertung) möglich, Last-Minute-Schnäppchen auf *www.latestays.com*. Nicht nur für Rucksackreisende interessant ist *www.travelfish.org*. Exzellente Karten, auf denen Sie einzelne Hotels finden können, hat *www.athailand.com*. Erfahrungsgemäß sind die Zimmerpreise bei Pauschalarrangements (Flug und Unterkunft) oft deutlich niedriger, als wenn Sie selbst direkt buchen. Ein Vergleich kann sich lohnen!

Leider macht sich in Thailand immer mehr die Unsitte breit, dass Hotels ihre Gäste zu einem teuren Dinner an Weihnachten und Neujahr zwangsverpflichten *(compulsory dinner)*. Achten Sie bei der Buchung Ihrer Unterkunft darauf, damit Sie hinterher keine unliebsame Überraschung erleben.

PRAKTISCHE HINWEISE

ZEIT

Thailand ist der Mitteleuropäischen Zeit (MEZ) um sechs Stunden voraus, während der Sommerzeit sind es nur fünf Stunden.

ZOLL

Bei der Einreise dürfen Gegenstände des persönlichen Bedarfs zollfrei eingeführt werden. Devisen im Wert von über 10 000 US-Dollar müssen deklariert werden. Verboten ist die Einfuhr von Waffen, Drogen und Pornografie. Für die Ausfuhr von Buddhastatuen, Antiquitäten und Tierprodukten ist eine Genehmigung erforderlich. Zahlreiche Tierprodukte sowie historisch wertvolle Buddhastatuen dürfen gar nicht aus Thailand ausgeführt werden.

Bei der Einreise in die EU gilt für Flug- und Seereisende, die aus Nicht-EU-Ländern kommen, für Waren des persönlichen Bedarfs die Freigrenze von 430 Euro (Schweiz: 300 Franken). Zollfreie Mengen in die EU (in die Schweiz): u. a. 200 Zigaretten oder 50 Zigarren oder 250 g Tabak, 1 l Spirituosen mit mehr als 22 Vol.-% oder 2 l alkoholische Getränke mit bis zu 22 Vol.-% (Schweiz: 15 Vol.-%) Alkoholgehalt. Weitere Angaben finden Sie im Internet unter *www.zoll.de, www. ezv.admin.ch, www.bmf.gv.at/zoll*.

WETTER IN BANGKOK

	Jan.	Feb.	März	April	Mai	Juni	Juli	Aug.	Sept.	Okt.	Nov.	Dez.
Tagestemperaturen in °C	32	33	34	35	34	33	32	32	32	31	31	31
Nachttemperaturen in °C	20	23	24	26	25	25	25	24	24	24	23	20
Sonnenschein Stunden/Tag	8	8	8	10	8	6	5	5	5	6	7	8
Niederschlag Tage/Monat	1	2	3	4	13	14	15	15	17	13	4	1
Wassertemperaturen in °C	26	27	27	28	28	28	28	28	28	27	27	27

SPRACHFÜHRER ENGLISCH

AUSSPRACHE

Zur Erleichterung der Aussprache sind alle englischen Wörter mit einer einfachen Aussprache (in eckigen Klammern) versehen.

Θ   „s" gesprochen mit der Zungenspitze an der oberen Zahnreihe, zischend
D   „s" gesprochen mit der Zungenspitze an der oberen Zahnreihe, summend
'   nachfolgende Silbe wird betont
ə   angedeutetes „e" wie in „Bitte"

AUF EINEN BLICK

ja/nein/vielleicht	yes [jäs]/no [nəu]/maybe [mäibi]
bitte/danke	please [plihs]/thank you [Θänkju]
Entschuldigung!	Sorry! [sori]
Entschuldigen Sie!	Excuse me! [Iks'kjuhs mi]
Darf ich ...?/Wie bitte?	May I ...? [mäi ai]/Pardon? [‚pahdn]
Ich möchte .../Haben Sie ...?/Ich suche ...	I would like to ...[ai wudd 'laik tə]/Have you got ...? ['Həw ju got]/I'm looking for ... [aim luckin foə]
Wie viel kostet ...?	How much is ...? ['hau matsch is]
Das gefällt mir (nicht).	I (don't) like this. [Ai (dəunt) laik Dis]
gut/schlecht	good [gud]/bad [bäd]
kaputt/funktioniert nicht	broken ['brəukən]/doesn't work ['dasənd wörk]
zu viel/viel/wenig	too much [tu matsch]/much [matsch]/little [litl]
alles/nichts	everything ['evriΘing]/nothing [naΘing]
Hilfe!/Achtung!/Vorsicht!	Help! [hälp]/Attention! [ə'tänschən]/ Caution! ['koschən]
Krankenwagen	ambulance ['ämbjulənts]
Polizei/Feuerwehr	police [po'lihs]/fire brigade [faiə brigäid]
Verbot/verboten	ban [bän]/forbidden [fohr'biddän]
Gefahr/gefährlich	danger [deinschər]/dangerous ['deinschərəss]

BEGRÜSSUNG & ABSCHIED

Gute(n) Morgen/Tag/ Abend/Nacht!	Good morning [gud 'mohning]/afternoon [aftə'nuhn]/evening [‚ihwning]/night [nait]!
Hallo!/Auf Wiedersehen!	Hello! [hə'ləu]/Goodbye! [gud'bai]
Ich heiße ...	My name is ... [mai näim is]
Wie heißen Sie?	What's your name? [wots jur näim]
Ich komme aus ...	I'm from ... [Aim from ...]

Do you speak English?

„Sprichst du Englisch?" Dieser Sprachführer hilft Ihnen, die wichtigsten Wörter und Sätze auf Englisch zu sagen

DATUMS- & ZEITANGABEN

Montag/Dienstag	monday ['mandäi]/tuesday ['tjuhsdäi]
Mittwoch/Donnerstag	wednesday ['wänsdäi]/thursday ['Өöhsdäi]
Freitag/Samstag/Sonntag	friday ['fraidäi]/saturday ['sätərdäi]/sunday [,sandäi]
Feiertag/Werktag	holiday ['holidäi]/weekday [,wihkdäi]
heute/morgen/gestern	today [tə'däi]/tomorrow [tə'morəu]/yesterday ['jästadäi]
Stunde/Minute	hour ['auər]/minutes ['minəts]
Tag/Nacht/Woche	day [däi]/night [nait]/week [wihk]
Monat/Jahr	month [manӨ]/year [jiər]
Wie viel Uhr ist es?	What time is it? [wot 'taim isit]
Es ist drei Uhr.	It's three o'clock. [its Өrih əklok]
Es ist halb vier.	It's half past three. [its 'hahf pahst Өrih]
Es ist Viertel vor/nach vier.	a quarter to/past four [ə 'kwohtə tə/'pahst 'foə]

THAI

Kursives (männliche Form) ist bei Bedarf entsprechend durch [...] (weibliche Form) zu ersetzen

Ja./Nein.	*kap [ka]*, tschai/mai tschai	ครับ(ค่ะ) ใช่/ไม่ใช่
Bitte./Danke.	koo ... noi/kop khun *kap [ka]*	ขอ...หน่อย/ขอบคุณครับ(ค่ะ)
Entschuldigung!	koo thoot	ขอโทษ !
Guten Tag!/Guten Abend!	sawadii *kap[ka]*	สวัสดีครับ(ค่ะ)
Auf Wiedersehen!	sawadii	สวัสดี !
Ich heiße ...	tschan dschu ...	ฉันชื่อ ...
Ich komme aus ...	tschan ma dschag ...	ฉันมาจาก ......
... Deutschland.	... pratet Jeraman	ประเทศเยอรมัน
... Österreich./Schweiz.	... pratet Austria/Switzerland	ประเทศออสเตรีย/ประเทศสวิส
Ich verstehe Sie nicht.	tschan mai kautschai khun	ฉันไม่เข้าใจคุณ
Wie viel kostet es?	ni laka taulai	นี่ราคาเท่าไร ?
Bitte, wo ist ...?	koo toot *kap [ka]* ... juu thi nai	ขอโทษครับ(ค่ะ) ... อยู่ที่ไหน ?

1	nüng	หนึ่ง	5	haa	ห้า	9	gau	เก้า	
2	soong	สอง	6	hok	หก	10	sip	สิบ	
3	saam	สาม	7	dschet	เจ็ด	20	jii sip	ยี่สิบ	
4	sii	สี่	8	bäät	แปด	100	nüng loi	หนึ่งร้อย	

UNTERWEGS

offen/geschlossen	open ['oupän]/closed ['klousd]
Eingang/Ausgang	entrance ['äntrənts]/exit [ägsit]
Abfahrt/Ankunft	departure [dih'pahtschə]/arrival [ə'raiwəl]
Toiletten	toilets ['toilət] (auch: restrooms [restruhms])
Wo ist ...?/Wo sind ...?	Where is ...? ['weə is]/Where are ...? ['weə ahr]
links/rechts/geradeaus	left [läft]/right [rait]/straight ahead [streit ə'hät]
Bus/U-Bahn/Taxi	bus [bas]/underground [,andəgraunt]/taxi [,tägsi]
Stadtplan/(Land-)Karte	street map [striht mäp]/map [mäp]
Bahnhof/Haltestelle	(train) station [(träin) stäischən]/stop [stap]
Flughafen/Hafen	airport ['eəpohrt]/harbour [hahbə]
Fahrplan/Fahrschein	schedule ['skädjuhl]/ticket ['tikət]
einfach/hin und zurück	single ['singəl]/return [ri'törn]
Zug/Gleis/Bahnsteig	train [träin]/track [träk]/platform [,plätfohm]
Ich möchte ... mieten.	I would like to rent ... [Ai wud laik tə ränt ...]
ein Auto/Fahrrad/Boot	a car [ə kahr]/a bicycle [ə 'baisikl]/a boat [ə bout]
Tankstelle/Werkstatt	petrol station ['pätrol stäischən]/garage [,gärasch]

ESSEN & TRINKEN

Die Speisekarte, bitte.	The menue, please. [Də 'mänjuh plihs]
Könnte ich bitte ... haben?	Could I please have ...? [kudd ai 'plihs häw ...]
Salz/Pfeffer/Zucker	salt [sohlt]/pepper ['päppə]/sugar ['schuggə]
Essig/Öl/Zitrone	vinegar ['viniga]/oil [oil]/lemon [,lämən]
mit/ohne Eis/Kohlensäure	with [wiD]/without ice [wiD'aut ais]/gas [gäs]
Vegetarier(in)/Allergie	vegetarian [wätschə'täriən]/allergy ['älledschi]
Ich möchte zahlen, bitte.	May I have the bill, please? [mäi ai häw De bill plihs]

EINKAUFEN

Apotheke/Drogerie	pharmacy ['farməssi]/chemist ['kemist]
Bäckerei/Markt	bakery ['bäikəri]/market ['mahkit]
Einkaufszentrum/Kaufhaus/Supermarkt	shopping mall ['schopping mol]/department store [di'pahtmənt stohr]/supermarket [,sjupəmahkət]
100 Gramm/1 Kilo	100 gram [won 'handrəd gräm]/1 kilo [won kiləu]
teuer/billig/Preis	expensive [iks'pänsif]/cheap [tschihp]/price [prais]
mehr/weniger	more [mor]/less [läss]

ÜBERNACHTEN

Ich habe ein Zimmer reserviert.	I have booked a room. [ai häw buckt ə ruhm]
Einzelzimmer	single room ['singəl ruhm]
Doppelzimmer	double room ['dabbəl ruhm] (bei zwei Einzelbetten: twin room ['twinn ruhm])

SPRACHFÜHRER

Frühstück/Dusche/Bad	breakfast ['bräckfəst]/shower ['schauər]/bath [bahϴ]
nach vorne/zum Meer	forward [fohwəd]/to the sea [tu Də sih]
Schlüssel/Zimmerkarte	key [ki]/room card ['ruhm kahd]
Gepäck/Koffer/Tasche	luggage ['laggətsch]/suitcase ['sjutkäis]/bag [bäg]

BANKEN & GELD

Bank/Geldautomat	bank [bänk]/ATM [äi ti äm] (auch: cash machine ['käschməschin])
Ich möchte ... wechseln.	I'd like to change ... [aid laik tu tschäindsch]
bar/ec-Karte/Kreditkarte	cash [käsch]/ATM card [äi ti äm kahrd]/credit card [krädit kahrd]
Banknote/Münze	note [nout]/coin [koin]
Wechselgeld	change [tschäindsch]

GESUNDHEIT

Arzt/Zahnarzt/Kinderarzt	doctor ['doktər]/dentist ['däntist]/pediatrician [pidiə'trischən]
Krankenhaus/ Notfallpraxis	hospital ['hospitəl]/ emergency clinic [i'mördschəntsi 'klinik]
Fieber/Schmerzen	fever ['fihwər]/pain [päin]
Durchfall/Übelkeit	diarrhoea [daiə'riə]/nausea ['nohsiə]
Schmerzmittel/Tablette	pain reliever [päin re'lihwər]/tablet ['täblət]

TELEKOMMUNIKATION & MEDIEN

Telefonkarte/Handy	phone card ['founkahd]/mobile ['mobail]
Wo finde ich einen Internetzugang?	Where can I find internet access? [wär känn ai faind 'internet 'äkzäss]
Brauche ich eine spezielle Vorwahl?	Do I need a special area code? [du ai nihd ə 'späschəl 'äria koud]
Internetanschluss/WLAN	internet connection ['internet kə'näktschən]/ Wifi [waifai]

ZAHLEN

0	zero ['sirou]	10	ten [tän]
1	one [wan]	11	eleven [i'läwn]
2	two [tuh]	12	twelve [twälw]
3	three [ϴri]	20	twenty ['twänti]
4	four [fohr]	50	fifty ['fifti]
5	five [faiw]	100	(one) hundred [('wan) 'handrəd]
6	six [siks]	1000	(one) thousand [('wan) ϴausənd]
7	seven ['säwən]	10000	ten thousand ['tän ϴausənd]
8	eight [äit]	1/2	a/one half [ə/wan 'hahf]
9	nine [nain]	1/4	a/one quarter [ə/wan 'kwohtə]

EIGENE NOTIZEN

MARCO POLO

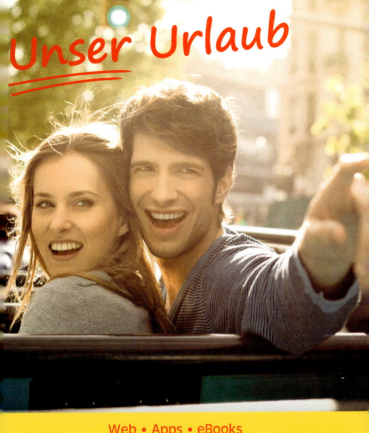

Unser Urlaub

Web • Apps • eBooks

Die smarte Art zu reisen

Jetzt informieren unter:

www.marcopolo.de/digital

Individuelle Reiseplanung,
interaktive Karten, Insider-Tipps.
Immer, überall, aktuell.

REISEATLAS

Die grüne Linie ▬▬ zeichnet den Verlauf der Ausflüge & Touren nach
Die blaue Linie ▬▬ zeichnet den Verlauf der Perfekten Route nach

Der Gesamtverlauf aller Touren ist auch in der herausnehmbaren Faltkarte eingetragen

Bild: Reisfeld bei Chiang Mai

Unterwegs in Thailand

Die Seiteneinteilung für den Reiseatlas finden Sie auf dem hinteren Umschlag dieses Reiseführers

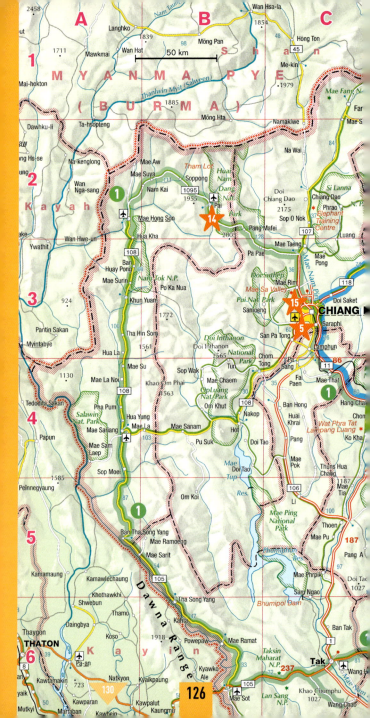

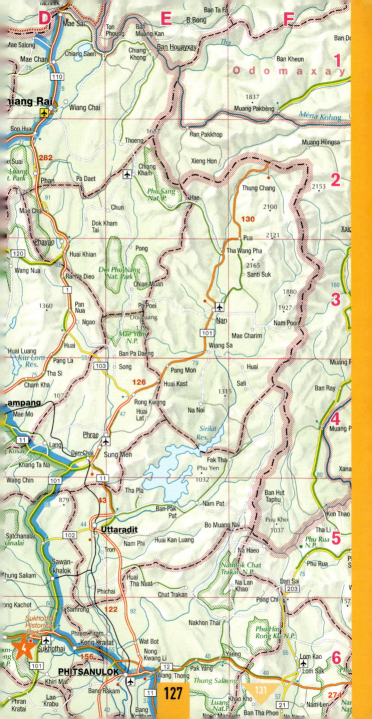

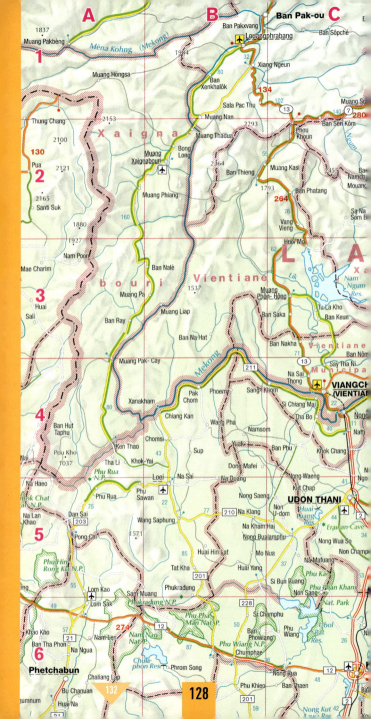

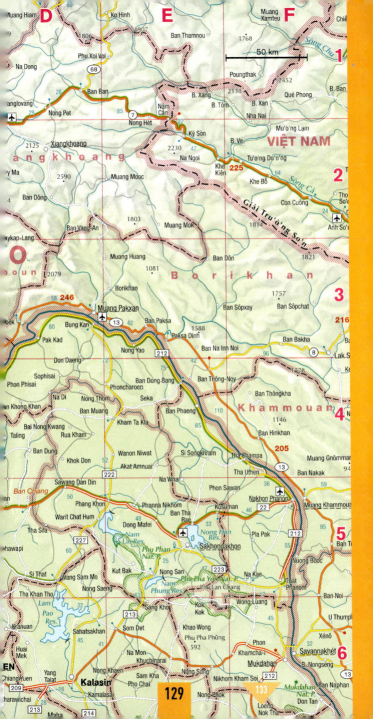

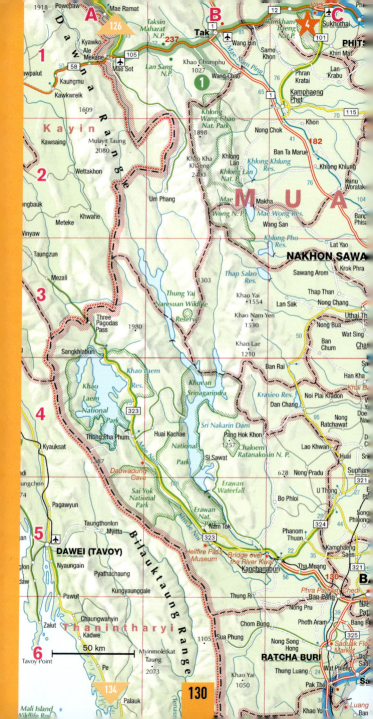

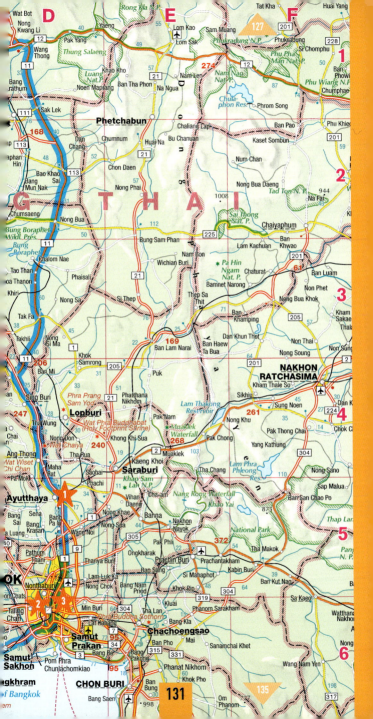

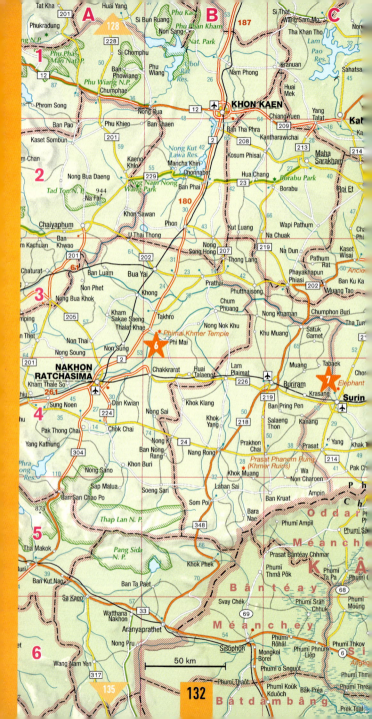

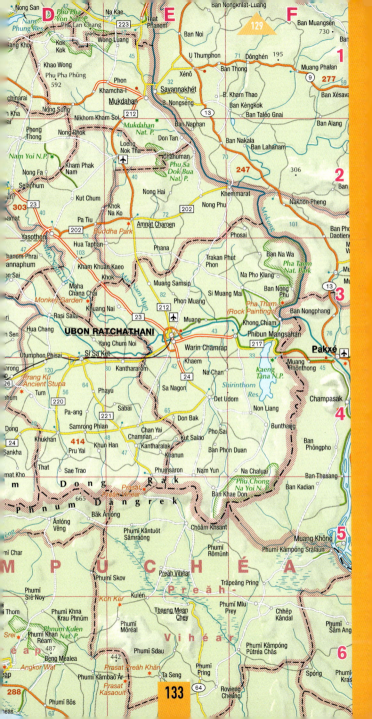

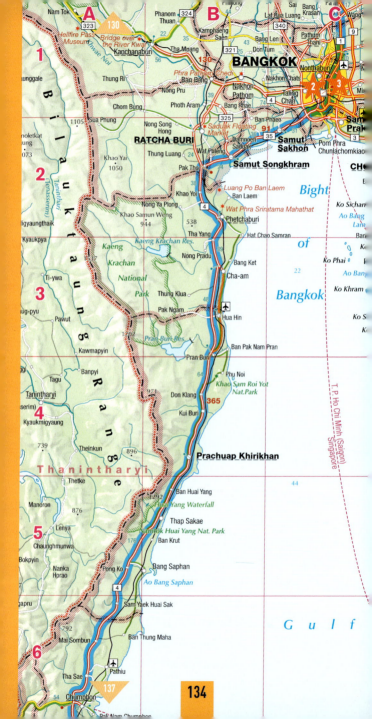

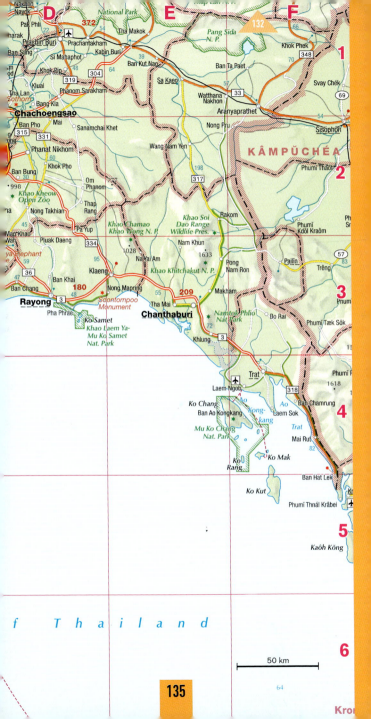

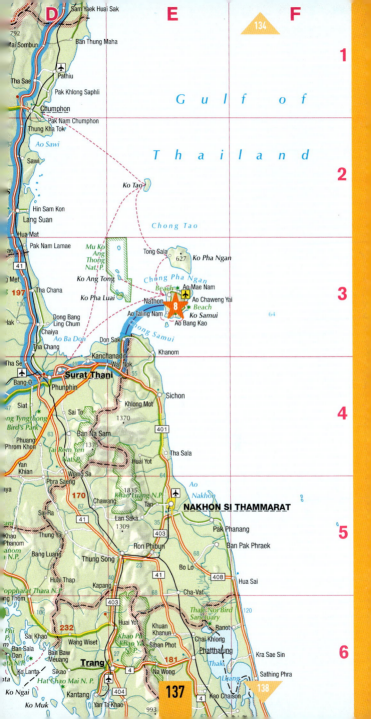

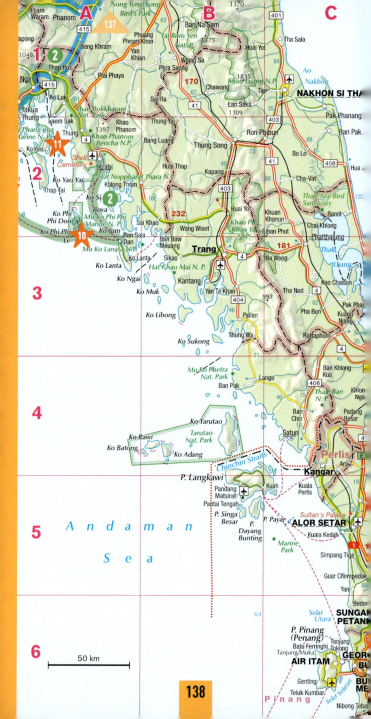

KARTENLEGENDE

Deutsch / English		Français / Nederlands
Autobahn, mehrspurige Straße - in Bau / Highway, multilane divided road - under construction		Autoroute, route à plusieurs voies - en construction / Autosnelweg, weg met meer rijstroken - in aanleg
Fernverkehrsstraße - in Bau / Trunk road - under construction		Route à grande circulation - en construction / Weg voor interlokaal verkeer - in aanleg
Hauptstraße / Principal highway		Route principale / Hoofdweg
Nebenstraße / Secondary road		Route secondaire / Overige verharde wegen
Fahrweg, Piste / Practicable road, track		Chemin carrossable, piste / Weg, piste
Straßennummerierung / Road numbering	E20 11 70 26 5 40 9	Numérotage des routes / Wegnummering
Entfernungen in Kilometer / Distances in kilometers	259 130 129	Distances en kilomètres / Afstand in kilometers
Höhe in Meter - Pass / Height in meters - Pass	1365	Altitude en mètres - Col / Hoogte in meters - Pas
Eisenbahn - Eisenbahnfähre / Railway - Railway ferry		Chemin de fer - Ferry-boat / Spoorweg - Spoorpont
Autofähre - Schifffahrtslinie / Car ferry - Shipping route		Bac autos - Ligne maritime / Autoveer - Scheepvaartlijn
Wichtiger internationaler Flughafen - Flughafen / Major international airport - Airport		Aéroport importante international - Aéroport / Belangrijke internationale luchthaven - Luchthaven
Internationale Grenze - Provinzgrenze / International boundary - Province boundary		Frontière internationale - Limite de Province / Internationale grens - Provinciale grens
Unbestimmte Grenze / Undefined boundary		Frontière d'Etat non définie / Rijksgrens onbepaalt
Zeitzonengrenze / Time zone boundary	-4h Greenwich Time / -3h Greenwich Time	Limite de fuseau horaire / Tijdzone-grens
Hauptstadt eines souveränen Staates / National capital	**MANILA**	Capitale nationale / Hoofdstad van een souvereine staat
Hauptstadt eines Bundesstaates / Federal capital	**Kuching**	Capitale d'un état fédéral / Hoofdstad van een deelstaat
Sperrgebiet / Restricted area		Zone interdite / Verboden gebied
Nationalpark / National park		Parc national / Nationaal park
Antikes Baudenkmal / Ancient monument		Monument antiques / Antiek monument
Sehenswertes Kulturdenkmal / Interesting cultural monument	*Angkor Wat*	Monument culturel interéssant / Bezienswaardig cultuurmonument
Sehenswertes Naturdenkmal / Interesting natural monument	*Ha Long Bay*	Monument naturel interéssant / Bezienswaardig natuurmonument
Brunnen / Well		Puits / Bron
Ausflüge & Touren / Excursions & tours		Excursions & tours / Uitstapjes & tours
Perfekte Route / Perfect route		Itinéraire idéal / Perfecte route
MARCO POLO Highlight		MARCO POLO Highlight

FÜR DIE NÄCHSTE REISE ...

ALLE **MARCO POLO** REISEFÜHRER

DEUTSCHLAND

Allgäu
Bayerischer Wald
Berlin
Bodensee
Chiemgau/
  Berchtesgadener
  Land
Dresden/
  Sächsische
  Schweiz
Düsseldorf
Eifel
Erzgebirge/
  Vogtland
Föhr/Amrum
Franken
Frankfurt
Hamburg
Harz
Heidelberg
Köln
Lausitz/
  Spreewald/
  Zittauer Gebirge
Leipzig
Lüneburger Heide/
  Wendland
Mecklenburgische
  Seenplatte
Mosel
München
Nordseeküste
  Schleswig-
  Holstein
Oberbayern
Ostfriesische Inseln
Ostfriesland/
  Nordseeküste
  Niedersachsen/
  Helgoland
Ostseeküste
  Mecklenburg-
  Vorpommern
Ostseeküste
  Schleswig-
  Holstein
Pfalz
Potsdam
Rheingau/
  Wiesbaden
Rügen/Hiddensee/
  Stralsund
Ruhrgebiet
Sauerland
Schwarzwald
Stuttgart
Sylt
Thüringen
Usedom
Weimar

ÖSTERREICH SCHWEIZ

Berner Oberland/
  Bern
Kärnten
Österreich
Salzburger Land
Schweiz

Steiermark
Tessin
Tirol
Wien
Zürich

FRANKREICH

Bretagne
Burgund
Côte d'Azur/
  Monaco
Elsass
Frankreich
Französische
  Atlantikküste
Korsika
Languedoc-
  Roussillon
Loire-Tal
Nizza/Antibes/
  Cannes/Monaco
Normandie
Paris
Provence

ITALIEN MALTA

Apulien
Dolomiten
Elba/Toskanischer
  Archipel
Emilia-Romagna
Florenz
Gardasee
Golf von Neapel
Ischia
Italien
Italienische Adria
Italien Nord
Italien Süd
Kalabrien
Ligurien/Cinque
  Terre
Mailand/
  Lombardei
Malta/Gozo
Oberital. Seen
Piemont/Turin
Rom
Sardinien
Sizilien/Liparische
  Inseln
Südtirol
Toskana
Umbrien
Venedig
Venetien/Friaul

SPANIEN PORTUGAL

Algarve
Andalusien
Barcelona
Baskenland/
  Bilbao
Costa Blanca
Costa Brava
Costa del Sol/
  Granada

Fuerteventura
Gran Canaria
Ibiza/Formentera
Jakobsweg/
  Spanien
La Gomera/
  El Hierro
Lanzarote
La Palma
Lissabon
Madeira
Madrid
Mallorca
Menorca
Portugal
Spanien
Teneriffa

NORDEUROPA

Bornholm
Dänemark
Finnland
Island
Kopenhagen
Norwegen
Oslo
Schweden
Stockholm
Südschweden

WESTEUROPA BENELUX

Amsterdam
Brüssel
Cornwall und
  Südengland
Dublin
Edinburgh
England
Flandern
Irland
Kanalinseln
London
Luxemburg
Niederlande
Niederländische
  Küste
Schottland

OSTEUROPA

Baltikum
Budapest
Danzig
Krakau
Masurische Seen
Moskau
Plattensee
Polen
Polnische
  Ostseeküste/
  Danzig
Prag
Slowakei
St. Petersburg
Tallinn
Tschechien
Ukraine
Ungarn
Warschau

SÜDOSTEUROPA

Bulgarien
Bulgarische
  Schwarzmeer-
  küste
Kroatische Küste/
  Dalmatien
Kroatische Küste/
  Istrien/Kvarner
Montenegro
Rumänien
Slowenien

GRIECHENLAND TÜRKEI ZYPERN

Athen
Chalkidiki/
  Thessaloniki
Griechenland
  Festland
Griechische Inseln/
  Ägäis
Istanbul
Korfu
Kos
Kreta
Peloponnes
Rhodos
Samos
Santorin
Türkei
Türkische Südküste
Türkische Westküste
Zákinthos/Itháki/
  Kefalloniá/Léfkas
Zypern

NORDAMERIKA

Alaska
Chicago und
  die Großen Seen
Florida
Hawaiʻi
Kalifornien
Kanada
Kanada Ost
Kanada West
Las Vegas
Los Angeles
New York
San Francisco
USA
USA Ost
USA Südstaaten/
  New Orleans
USA Südwest
USA West
Washington D.C.

MITTEL- UND SÜDAMERIKA

Argentinien
Brasilien
Chile
Costa Rica
Dominikanische
  Republik

Jamaika
Karibik/
  Große Antillen
Karibik/
  Kleine Antillen
Kuba
Mexiko
Peru/Bolivien
Venezuela
Yucatán

AFRIKA UND VORDERER ORIENT

Ägypten
Djerba/
  Südtunesien
Dubai
Israel
Jordanien
Kapstadt/
  Wine Lands/
  Garden Route
Kapverdische
  Inseln
Kenia
Marokko
Namibia
Rotes Meer/Sinai
Südafrika
Tansania/
  Sansibar
Tunesien
Vereinigte
  Arabische
  Emirate

ASIEN

Bali/Lombok/Gilis
Bangkok
China
Hongkong/Macau
Indien
Indien/Der Süden
Japan
Kambodscha
Ko Samui/
  Ko Phangan
Krabi/Ko Phi Phi/
  Ko Lanta
Malaysia
Nepal
Peking
Philippinen
Phuket
Shanghai
Singapur
Sri Lanka
Thailand
Tokio
Vietnam

INDISCHER OZEAN UND PAZIFIK

Australien
Malediven
Mauritius
Neuseeland
Seychellen

REGISTER

Im Register sind alle in diesem Reiseführer erwähnten Orte, Ausflugsziele und Strände verzeichnet. Gefettete Seitenzahlen verweisen auf den Haupteintrag.

Andaman Beach (Ko Jum) 79, 82
Andaman-See 15, 74, 89, 95, 101
Ang-Thong-Nationalpark 84, 101
Ao Nang Beach (Krabi) 86, 87, 96
Ao Sane, Bucht (Phuket) 79, 89
Ayutthaya 12, 13, 42, **43**, 107
Bamboo Bay (Ko Lanta) 80
Ban Chiang 66, **73**
Ban Khoksanga 68, 69
Ban Ko Jum 82
Ban Phe 41
Ban Saladan 80, 96
Ban Tham 95
Bang Bao 34
Bang Niang Beach (Khao Lak) 77, 78
Bang Pa In 45
Bang Sai 45
Bang Tao Beach (Phuket) 89
Bangkok 11, 12, 13, 14, 16, 17, 20, 23, 28, 29, 37, 42, 44, **46**, 90, 99, 100, 106, 107, 108, 110, 112, 113, 114, 115
Bhumibol-Staudamm 93
Big Buddha Beach (Ko Samui) 83
Bo Phut Beach (Ko Samui) 83
Bor Sang 58, 106
Brücke am Kwai 43, 50, **51**, 53, 107
Chalong 89, 105, 106
Chantaburi 40
Chaweng Beach (Ko Samui) 83, 84
Chaweng Noi, Bucht (Ko Samui) 83
Chiang Dao 104
Chiang Mai 17, 20, **56**, 61, 92, 99, 101, 104, 107, 112, 114
Chiang Rai 60
Chieo-Lan-Stausee 97
Choeng Mon, Bucht (Ko Samui) 83
Chonburi 32, 107
Chong Fah, Wasserfall (Khao Lak) 78
Chumphon 85
Coral Cove (Ko Samui) 83
Dan Sai 17
Doi Inthanon 60
Dorf der Seidenweber 70
Dörfer der „Langhalsfrauen" 64
Drei-Pagoden-Pass 52, 53
Elefantendorf (Pattaya) 41
Elephant Camps (Chiang Mai) 104
Elephant Special Tours 98
Goldenes Dreieck 62
Golf von Thailand 15, 74, 85, 101
Hat Sai Khao (Ko Chang) 35
Hat Yai 114
Hin Lad, Wasserfall (Ko Samui) 83
Hua Hin 17, **74**, 99, 109
Hua Thanon 83
Isan 14, 66
James Bond Island 91
Jomtien Beach (Pattaya) 38
Kai Bae Beach (Ko Chang) 35
Kamala Beach (Phuket) 89, 90
Kanchanaburi 42, **51**, 107
Kantiang Bay (Ko Lanta) 80
Kao Phra Thaeo Park (Phuket) 88
Kap Promthep (Phuket) 88
Karon Beach (Phuket) 89, 105

Karon Noi Beach (Phuket) 89
Kata 89
Kata Beach (Phuket) 89
Kata Noi Beach (Phuket) 89
Khao Kheow Open Zoo 102
Khao Lak 74, **77**, 101
Khao-Laem-Stausee 53
Khao-Sok-Nationalpark 96, **97**
Khon Kaen 66
Khuk Kak Beach (Khao Lak) 77
Khun Yuam 95
Klong Heng 95
Klong Jak, Bucht (Ko Lanta) 80
Klong Khon Beach (Ko Lanta) 81
Klong Muang Beach (Krabi) 86
Klong Phrao Beach (Ko Chang) 34, **35**, 36
Klong Plu, Wasserfall (Ko Chang) 34
Ko Chang **32**, 37, 101, 112
Ko Jum 79, **81**, 96
Ko Lanta 79, **80**, 96
Ko Lanta Noi 80
Ko Lanta Yai 80
Ko Larn 41
Ko Pai 95
Ko Pannyi 91, 96
Ko Phangan **85**, 101, 144
Ko Phi Phi **91**, 95, 99, 101
Ko Phi Phi Don 91
Ko Phi Phi Le 90, 91, 95
Ko Samet 41
Ko Samui 18, 79, **82**, 99, 101, 105, 112, 114
Ko Tao **85**, 101
Kobradorf 68
Kok River 61, **62**
Korat (Nakhon Ratchasima) 11, **69**
Krabi 15, **86**, 96, 97, 101
Krabi Town 86, 88
Laem Ngob 34
Laem Sing 37
Laem Trong 95
Lamai Beach (Ko Samui) 79, 82, 83, 84
Lampang 92
Lamphun **60**, 92
Lamru-Nationalpark (Khao Lak) 78
Lo Dalum, Bucht (Ko Phi Phi Don) 95
Lonely Beach (Ko Chang) **35**, 36, 37
Long Beach (Ko Lanta) 79, 81
Mae Ankhoe, Wasserfall 95
Mae Aw 94
Mae Hat Beach (Ko Tao) 85
Mae Hong Son **62**, 95, 101
Mae Klong 100
Mae Nam Beach (Ko Samui) 83
Mae Ramoeng 94
Mae Rim 104
Mae Sa 104
Mae Sai 62
Mae Salid 94
Mae Salong 62
Mae Sam Laep 94
Mae Sariang 94
Mae Sopok 98
Mae Sot 93, 100
Mae Surin, Wasserfall 95
Mae Taman 104

Mae Yuam Luang, Wasserfall 95
Mai Khao Beach (Phuket) 88
Mai Pai, Bucht (Ko Lanta) 80
Maya Bay (Ko Phi Phi Le) 95
Na Khai, Bucht (Ko Samui) 83
Nai Harn Beach (Phuket) 89
Nai Yang Beach (Phuket) 89
Naithon Beach (Phuket) 89
Nakhon Ratchasima (Korat) 69
Nakhon Sawan 106
Nam Tok 51, 54
Namuang, Wasserfall (Ko Samui) 83
Nang Thong Beach (Khao Lak) 74, 77, 78
Narathiwat, Provinz 144
Natien Beach (Ko Samui) 83
Nong Khai 14, **72**, 73
Noppharat Thara Beach (Krabi) 86
Oasis Sea World 37
Pai 61, **65**, 95, 101
Pai River 64, 95
Pak Chong 17, 70
Pak Thong Chai 70
Pansea Beach (Phuket) 89
Patong 89
Patong Beach (Phuket) 89, 110
Pattani, Provinz 144
Pattaya 37, **38**, 98, 101, 103, 112
Pattaya Elephant Village 41
Payathonzu 53
Phang Nga 91, 96, 101
Phanom Rung Historical Park 71
Phimai 70
Phitsanulok 54
Phra Nang Beach (Krabi) 15, 86, 87, 96
Phrao 100
Phu-Wiang-Nationalpark 68
Phuket 15, 28, 29, 79, **88**, 95, 96, 99, 101, 105, 106, 107, 110, 112, 113, 114, 115
Phuket Town **88**, 89, 90, 105
Pliew-Nationalpark 41
Railay Beach (Krabi) 86, 87, 96, 99
Rangsit 104
Rin Beach (Ko Phangan) 85
Sai Ri Beach (Ko Tao) 85
Sai-Yok-Nationalpark 54
Salak Kok (Ko Chang) 35
Sangklaburi **53**, 54
Santi Khiri 62
Sawankhalok 55, 93
Si Satchanalai **55**, 92
Similan-Inseln 77, 101
Sirinat-Nationalpark (Phuket) 88
Sok River 97
Sop Ruak 62
Soppong 65, 95
Sukhothai 12, 42, 48, **54**, 92, 93, 107
Sunset Beach (Khao Lak) 77
Surat Thani 97
Surin 66, **71**
Surin Beach (Phuket) 89
Surin-Inseln 78
Ta Klang 71
Tachilek (Myanmar) 62
Tak 93
Takua Pa 79

142

IMPRESSUM

Tan Mayom, Wasserfall (Ko Chang) 34
Tha Dan 96
Thai Elephant Conservation Center 92
Thai Horse Farm 100
Tham Khao Poon 52
Tham Lot, Höhle 65, 94, 95
Tham Nam Lang, Höhle 65
Tham Pla, Höhle 95
Thammachat 34
Thaton 61, 62
Thong Sai, Bucht (Ko Samui) 83
Three Pagoda Pass 53
Todeseisenbahn 43, 52, **53**, 107
Ton Sai, Bucht (Ko Phi Phi Don) 95
Ton Sai, Bucht (Krabi) 86, 87, 99
Trang 20, 107
Trat 33, 34, 37
Tree Top Adventure Park (Ko Chang) 35
Tung Yee Peng (Ko Lanta) 80
Tup Kaek Beach (Krabi) 86
Ubolrat-Damm 68
Udon Thani 73
Umphang 94, 100
Vientiane (Laos) 14, 72
Waeng Khan 53
Wang Po 54
Wat Chalong (Phuket) 106
Wat Kao Sukim 41
Wat Phra That Doi Suthep 56, **60**
Wat Tam Sua (Krabi) 87
White Sand Beach (Ko Chang) 32, 34, **35**, 36, 37
Wong Amat Beach (Pattaya) 40
Yala, Provinz 144

SCHREIBEN SIE UNS!

Egal, was Ihnen Tolles im Urlaub begegnet oder Ihnen auf der Seele brennt, lassen Sie es uns wissen! Ob Lob, Kritik oder Ihr ganz persönlicher Tipp – die MARCO POLO Redaktion freut sich auf Ihre Infos.

Wir setzen alles dran, Ihnen möglichst aktuelle Informationen mit auf die Reise zu geben. Dennoch schleichen sich manchmal Fehler ein – trotz gründlicher Recherche unserer Autoren/innen. Sie haben sicherlich Verständnis, dass der Verlag dafür keine Haftung übernehmen kann.

MARCO POLO Redaktion
MAIRDUMONT
Postfach 31 51
73751 Ostfildern
info@marcopolo.de

IMPRESSUM
Titelbild: Junge Mönche, Tempel Wat Phra Kaeo (Getty Images/ Axiom Photographic Agency: Acheson)
Fotos: K. H. Buschmann (27); DuMont Bildarchiv: Kiedrowski/Schwarz (28), Sasse (10/11, 24/25, 50/51, 60, 72); © fotolia.com: Ampamuka (16 o.), Mike Thomas (16 M.); Getty Images/ Axiom Photographic Agency: Acheson (1 o.); Granmonte Co., Ltd. (17 o.); W. Hahn (1 u., 39, 41, 44, 68, 97, 100, 105); Huber: Mehlig (63), Stadler (Klappe l.); © istockphoto.com: jabejon (16 u.); M. Kirchgessner (58, 94, 106); Laif: Emmler (3 u.), Hemispheres (3 M., 66/67, 71), Sasse (89); Look: age fotostock (30 u.); K. Maeritz (34, 36, 53, 64, 86); mauritus images: Alamy (2 o., 2 M. o., 4, 5, 7, 9, 17 u., 49, 108 u., 124/125), Beck (107), Cassio (20), Prisma (98/99), SuperStock (8), Vidler (6, 29); O. Stadler (Klappe r., 2 M. u., 2 u., 12/13, 18/19, 26 l., 26 r., 28/29, 30 o., 32/33, 42/43, 74/75, 78, 80/81, 82, 83, 85, 92/93, 106/107, 108 o.); O. Stadler & A. Stubhan (22, 91); T. Stankiewicz (3 o., 15, 56/57, 76, 102/103, 109); M. Thomas (54); White Star: Reichelt (47)

15., aktualisierte Auflage 2014
© MAIRDUMONT GmbH & Co. KG, Ostfildern
Chefredaktion: Marion Zorn
Autor: Wilfried Hahn; Redaktion: Felix Wolf
Verlagsredaktion: Ann-Katrin Kutzner, Nikolai Michaelis, Martin Silbermann
Prozessmanagement Redaktion: Verena Weinkauf
Bildredaktion: Gabriele Forst
Im Trend: wunder media, München
Kartografie Reiseatlas und Faltkarte: © MAIRDUMONT, Ostfildern
Innengestaltung: milchhof:atelier, Berlin; Titel, S. 1, Titel Faltkarte: factor product münchen
Sprachführer: in Zusammenarbeit mit Ernst Klett Sprachen GmbH, Stuttgart, Redaktion PONS Wörterbücher
Das Werk einschließlich aller seiner Teile ist urheberrechtlich geschützt. Jede urheberrechtsrelevante Verwertung ist ohne Zustimmung des Verlags unzulässig und strafbar. Das gilt insbesondere für Vervielfältigungen, Übersetzungen, Nachahmungen, Mikroverfilmungen und die Einspeicherung und Verarbeitung in elektronischen Systemen.
Printed in China

BLOSS NICHT 👆

Ein paar Dinge, die Sie in Thailand beachten sollten

SICH MIT DROGEN ABGEBEN

Auch wenn in Thailand Drogenhandel im schlimmsten Fall mit der Todesstrafe geahndet wird, so kann es doch vorkommen, dass Ihnen illegale Rauschmittel angeboten werden – z. B. auf der berühmt-berüchtigten Vollmondparty auf Ko Phangan. Aber Vorsicht: Selbst die geringste Menge von weichen Drogen wie *ganja* (Marihuana) kann Sie ins Gefängnis bringen!

SICH MIT DER SCOOTER-MAFIA ANLEGEN

Mit einem *Water Scooter* oder Jetski über die Wellen zu brettern, sieht nach unbeschwertem Urlaubsvergnügen aus. Aber erstens sind die Radauschüsseln eine Gefahr für Schwimmer und Schnorchler und zweitens haben die Verleiher einen noch übleren Ruf als die sogenannte Tuk-Tuk-Mafia, die Urlauber mit überhöhten Preisen schröpft. Es ist gang und gäbe, dass Vermieter für angebliche Schäden an den Scootern horrende Kompensation fordern und diese auch unter Androhung von Gewalt eintreiben.

IN DEN TIEFEN SÜDEN REISEN

Pattani, Yala und Narathiwat sind die südlichsten Provinzen. Die Mehrheit der Bevölkerung sind Muslime. Hier kommt es fast täglich zu Anschlägen. Seit 2004 starben dabei fast 4000 Menschen. Die Terroristen wollen die Unabhängigkeit von Thailand erzwingen. Meiden Sie diese Krisengebiete!

DEN KÖNIG BELEIDIGEN

König Bhumibol Adulyadej selbst hat erklärt, dass er nicht über der Kritik steht. Trotzdem ist Majestätsbeleidigung strafbar und kann auch für Ausländer schlimme Folgen haben. 2009 wurde der australische Autor Harry Nicolaides zu drei Jahren Gefängnis verurteilt, weil er sich in einem Buch kritisch über den Kronprinzen geäußert hatte. Der König selbst begnadigte ihn zwar bald darauf, aber Nicolaides musste vorher ein halbes Jahr Untersuchungshaft absitzen.

SCHLEPPERN FOLGEN

Wo Touristen sind, lauern auch Schlepper. Sie bieten alles Mögliche an: Edelsteine, kostenlose Sightseeingtouren, Prostituierte. Thais sind normalerweise Fremden gegenüber zurückhaltend und sprechen sie nicht einfach auf der Straße an. Wenn es doch jemand tut, können Sie fast immer sicher sein, dass Sie am Ende draufzahlen.

SICH AUF STREIT EINLASSEN

In seltenen Fällen kann es sein, dass die ansonsten sehr kontrollierten Thais es auf Ärger anlegen, etwa in alkoholisierter Runde. Lehnen Sie Einladungen zu Trinkgelagen mit Einheimischen, die Sie nicht kennen, freundlich ab oder entfernen Sie sich nach einem Höflichkeitsschluck. Falls Sie doch einmal Aggression zu spüren bekommen, bleiben Sie ruhig. Vermeiden Sie auch unbedingt, einem ohnehin schon wütenden Thai einen Gesichtsverlust zuzufügen.